時報出版

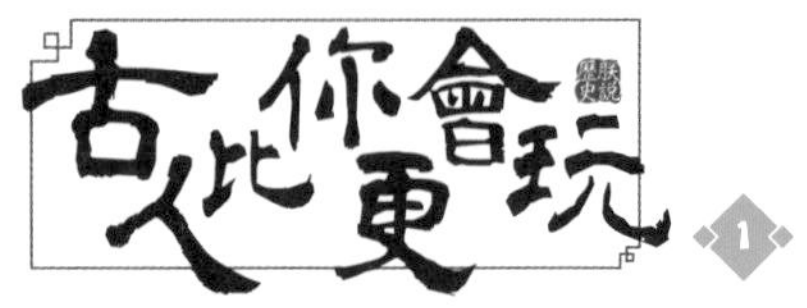

編　　繪——黃　桑
主　　編——王俞惠
責任企劃——許文薰
書籍裝幀——evian

總 編 輯——梁芳春
董 事 長——趙政岷
出 版 者——時報文化出版企業股份有限公司
108019 臺北市和平西路 3 段 240 號 7 樓
發 行 專 線—（02）2306-6842
讀者服務專線— 0800-231-705・（02）2304-7103
讀者服務傳真—（02）2304-6858
郵　　　　撥— 19344724　時報文化出版公司
信　　　　箱— 10899 臺北華江橋郵局第 99 信箱
時 報 悅 讀 網—http://www.readingtimes.com.tw
電 子 郵 件 信 箱—yoho@readingtimes.com.tw

法律顧問—理律法律事務所 陳長文律師、李念祖律師
印　　刷—和楹印刷有限公司
初版一刷—2020 年 10 月 27 日
初版二十二刷—2024 年 7 月 8 日
定　　價—新臺幣 420 元

時報文化出版公司成立於 1975 年，並於 1999 年股票上櫃公開發行，
於 2008 年脫離中時集團非屬旺中，以「尊重智慧與創意的文化事業」為信念。

古人比你更會玩 / 黃桑編繪. -- 初版. -- 臺北市 :
時報文化, 2020.10
304面 ;17*23公分
ISBN 978-957-13-8398-9（第1冊 : 平裝）
1.社會生活 2.生活史 3.中國

630　　　　109014797

ISBN 978-957-13-8398-9
Printed in Taiwan

撕！
扭動
扭動

宮廷絕密檔案
黃桑
一個集賊萌與貪吃於一身的皇帝
日常抖機靈，毒舌侃八卦
吧唧吧唧
好吃！
チョコビ
資深窮（嗶——）肥宅，卻胸懷整個天下

Jinyiwei

宮廷絕密檔案
錦衣衛
（保鑣）
宮裡的
「顏值擔當」
身手不凡
冷酷面癱
卻被黃桑當場高價
收買成為保鑣
原來是被派來
刺殺黃桑的殺手

小太監

宮廷絕密檔案

照顧黃桑的
飲食起居

是宮裡深得人
心的小暖男

鵝是利
然鵝
一隻永遠都吃不飽的鵝
一直被黃桑欺負
卻幻想著有一天稱霸皇宮
女朋友是嫦鵝
蛋是
一隻特殊的柴犬
看家護衛皇宮必備
大利
雞年沒趕得及上線的表情包
大概這輩子都沒有機會紅了
這本書裡可能沒有牠的身影

宮廷檔案
絕密
鵝是利
然鵝、蛋是和
大利的組合
宮廷寵物

古人喝什麼？
酒，要用這些姿勢喝才香
083
中國有一樣東西全世界都想要
097
古代飲料大評比黃牛也不放過的飲料究竟是什麼？
111
古代飲食常識
筷子，中國最簡單和最有智慧的神奇工具
125
來人啊！陪朕吃火鍋
139

古人吃什麼？

古人怎麼交流？
271
被罵的各有原因
開罵的各有絕技
259
為何不寫信給我？
245
古人超級重口味，
不到假期不洗澡
233
睡個好覺，
比什麼都好
223
七夕，古人的購物節

古代美食達人
孔子曰：我就是愛吃肉
155
寫紀錄片等級美食，課本出現過這個「吃貨」擁有高級有趣的靈魂
167
愛美的古人
慘白膚色、黑色口紅、臉貼魚鱗？古人美妝大盤點
183
華佗提倡，強身健體，科學減肥
197
古人這麼活？
富人穿裘，窮人披草還有這些取暖方法
209

盲猜隨堂考

1. 喜歡吃羊的時代是？（複選）

Ⓐ 秦朝　Ⓑ漢朝　Ⓒ唐朝　Ⓓ宋朝　Ⓔ現代

2. 創作於宋朝時期的著名美食寶典是？

Ⓐ《舌尖上的大宋》
Ⓑ《東京夢華錄》
Ⓒ《食珍錄》
Ⓓ《食經》

3. 蘇東坡爲什麼發明了東坡肉？

Ⓐ 因為窮得只能吃豬肉
Ⓑ 因為喜歡吃豬肉
Ⓒ 因為被貶無聊鑽研烹飪
Ⓓ 沒有理由

答案見本單元「小知識」

古人吃什麼？

宋朝有一種動物差點被吃到滅絕

都說現在的年輕人無肉不歡，
其實古代人也不例外。
但比起現代肉類選擇繁多，
在 1000 多年前的宋朝人眼裡，
他們只專注於一種讓人趨之若鶩的食材——
羊。

開寶末年，吳越王錢俶來宋訪問。
為了表達友好，
當時的宋太祖趙匡胤決定請他吃一種食物——
旋鮓。

簡單來說，這種食物的作法是
把羊肉煮熟後做成肉醬，
然後直接搭配其他東西一起吃。

一夕取羊為醢，以獻焉，因號旋鮓。
——蔡絛《鐵圍山叢談》

然而此時沒人想得到，
這正是宋朝人狂熱吃羊習俗的開始。

那麼，
宋朝人到底有多喜歡吃羊？

根據《宋會要輯稿》記載，
在宋神宗時期，
皇宮一年消耗的羊肉就有 217.2315 噸（5000 公斤 =5 噸）。
按整隻羊的重量換算的話，
差不多就是每天吃個十多隻。

宋會要輯稿

御厨
官廨
第宅
節鎮升降
州縣升降廢置

中書備對
熙寧十年支供過米麺肉柴炭酒醋等數　米五十五
百七十八石八斗五勻麺一百一十一萬六百六十四
斤四兩羊肉四十三萬四千四百六十三斤四兩常支
羊羔兒一十九口猪肉四十一百三十一斤猪羊頭蹄
等更副不具柴一百四十五萬四百一十三斤半炭三
千五百五十七秤六斤油三萬四千七百八十七斤一
十二兩二錢醋一十八十三石八升四合
等八萬三百一十斤石兩

其實宋神宗時期吃的羊已經算少了，
因為在宋真宗時期，
每天宰殺的羊就多達 350 隻……

等著朕！
朕一定會救你出去的！
一定！
掙扎

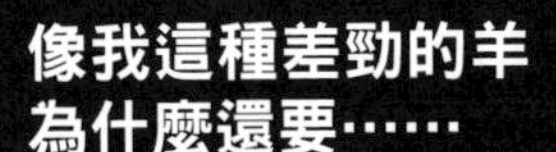

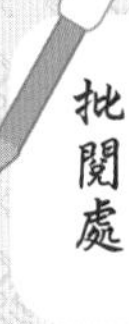

無論是對外宴請貴賓，還是日常飲食，
羊肉都是宮廷食材用量上的至尊！
甚至當時宋朝宮廷規定，
御廚只能煮羊肉。

> 飲食不貴異味，御廚止用羊肉。
> ——李燾《續資治通鑑長編》

就連大宋第一暖男宋仁宗，
也曾經半夜餓得翻來覆去，
想吃燒羊想到睡不著。

> 宋仁宗一日晨興，語近臣曰：「昨夕因不寐而甚飢，思食燒羊。」
> ——魏泰《東軒筆錄》

既然皇帝都帶頭吃了，
民間百姓自然也不能落後。

在當時的美食界，就有人專門寫了一本
皇宮貴族和百姓的日常生活和飲食指南——
《東京夢華錄》

書裡記錄了大量的宋朝羊肉菜式，
上至皇宮貴族盛宴，
下至酒樓市井小吃，
把吃貨們安排得服服貼貼。

書裡還詳細記載了每一道菜式名稱，
例如：虛汁垂絲羊頭、乳炊羊、罨生軟羊麵、排炊羊等。
不怕你不愛吃，就怕你吃不到。

但這時可能有人要反駁了——

對不起，還真不是。

有一件事我們要瞭解，
在古代，食物也是分「高低貴賤」的。
成語「一言九鼎」中的「九鼎」，
最開始便是指九種食物。

注：魚，魚乾；臘肉，肉乾；膚，切肉。

周朝時期的禮儀制度
對天子、諸侯等各個階級都有詳細規定。
其中天子能夠享用的，
就是最高級的「九鼎八簋」。

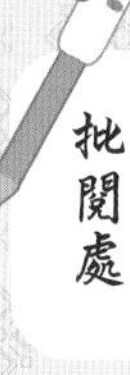

而九鼎的前三鼎又被稱為「大牢」，
按次序分別是盛放牛、羊和豬。
也就是說，
牛肉、羊肉和豬肉在古代都屬於高級食材。

> 是周公制禮，天子日食大牢，則諸侯日食少牢。
> ——孔穎達《禮記正義》

然而，
因為牛與古代農耕生活息息相關，
是非常珍貴的資源，
所以，很快就禁止了一切私下宰殺牛的行為。

這就意味著，
平時能吃到的高級食材只有羊和豬。
但因為羊排在豬的前面，
於是理所當然成為了貴族首選。

如果別的貴族都在吃羊肉，
你卻吃豬肉，
那就表示你自認為低人一等。
這是每個貴族都不樂見的事。

而宋朝第一美食家蘇軾，
私底下也是個不折不扣的羊肉愛好者。
在開封府當官的那 10 年期間，
蘇軾光吃羊肉就吃到吐。

> 十年京國厭肥羜，日日烝花壓紅玉。
> ——蘇軾《聞子由瘦儋耳至難得肉食》

就連被貶到了惠州後，
一貧如洗的蘇軾依舊離不開羊肉。
但因為不敢和當地權貴爭奪，
只能每隔 3、5 天去一趟市場，
偷偷買一些沒人要的羊脊骨。

惠州市井寥落，然猶日殺一羊，不敢與仕者爭。買時，囑屠者買其脊骨耳。

——蘇軾《與子由弟》

在烹飪前，
蘇軾會先把羊脊骨徹底煮熟、煮透。
撈出瀝乾後，
再用酒和鹽醃製一遍，
放到小火上烤得滋滋作響。

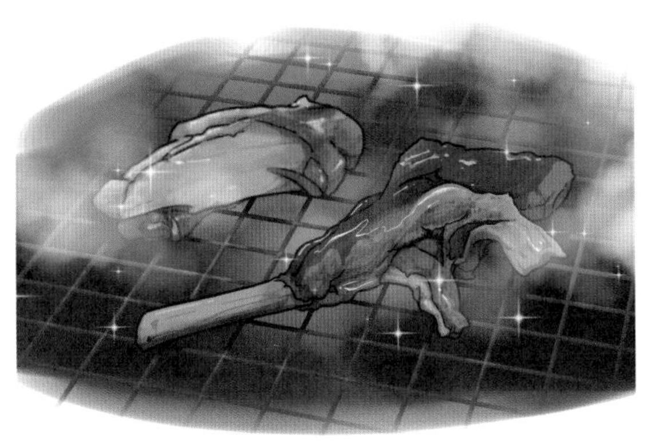

等到羊肉色澤微微焦黃，透出香味，就可以開吃了。
這樣烤出來的羊脊骨才是頂級享受，
讓人一口吃下去徹底無法忘懷。

> 熟煮熱漉出。不乘熱出，則抱水不乾。漬酒中，點薄鹽炙微燋食之。
>
> ——蘇軾《與子由弟》

至於蘇軾最出名的東坡肉，
其實是因為他實在太窮，
沒得選，才會去研究豬肉的作法。

當時豬肉都是底層百姓的專屬。
等到豬肉真正開始流行，
已經是明清之後的事了。

> 黄州好豬肉，價賤如泥土。
> 富者不肯吃，貧者不解煮。
> ——蘇軾《豬肉頌》

說得好像現在不流行吃我了一樣！

最後我想說，
面對這麼好吃的烤羊，
「愛卿」們儘管放心吃，大膽胖！
畢竟……

你就算不胖也沒對象，哈哈哈哈哈！

小劇場

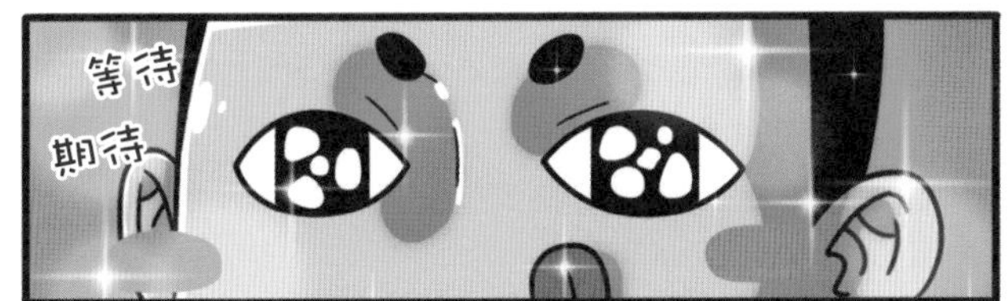

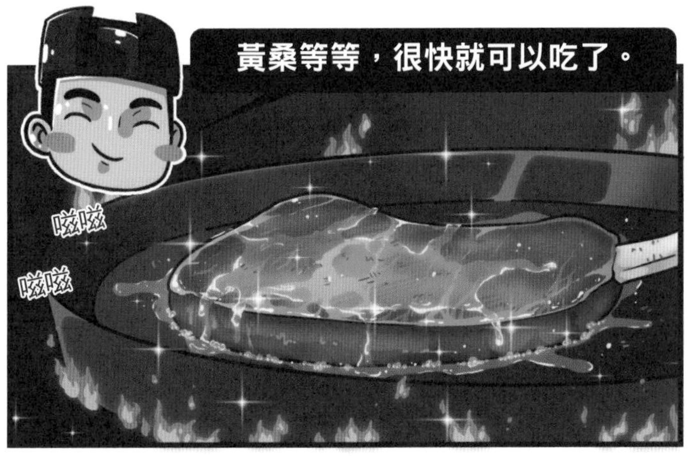

好像好好吃。
嗯嗯。

小知識

《東京夢華錄》

《東京夢華錄》是一本描寫北宋宣和年間東京汴梁城社會生活情況的著作，全書一共 10 卷，由孟元老所著。

書內幾乎涵蓋了這個歷史時期上至王公貴族，下至平民百姓的日常生活狀況，記錄北宋都市社會，經濟文化等各個方面。從汴梁城內的規劃到貴族、百姓的飲食起居，再到各種節日的習俗娛樂，包羅萬象，並且內容能詳細到某條街上、哪一家店鋪有什麼好吃的。

孟元老所處的時期正是北宋滅亡，貴族和百姓南下逃亡，汴梁富麗繁華的景象遠去，他懷著追憶往昔、對當下現實的感傷寫下《東京夢華錄》。後人也透過此書充分瞭解、感受北宋繁榮發達的城市生活。

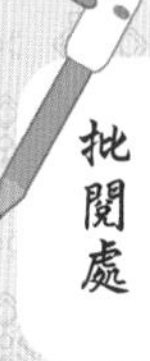

東坡肉

相傳是北宋詞人蘇東坡創造出的一道菜，如今是江浙一帶的名菜。蘇東坡喜歡吃，就算被貶謫到環境差的地方也不忘美食。豬肉在當時是窮人吃的肉類，蘇東坡有首《豬肉頌》裡面就提到：「淨洗鐺，少著水，柴頭罨煙焰不起。待他自熟莫催他，火候足時他自美。黃州好豬肉，價賤如泥土。貴者不肯吃，貧者不解煮，早晨起來打兩碗，飽得自家君莫管。」據説蘇東坡在黃州改良了一道豬肉烹飪的方法，後來在杭州修建蘇堤時，把這道菜煮給勞工吃，得以發揚光大。由於是蘇東坡改良而成，所以以他的名字為菜餚命名。

隨堂考參考答案 ①DE ②B ③A

盲猜隨堂考

① 在西漢時期，有一位非常喜歡兔子的王爺，他是誰？

Ⓐ 梁孝王劉武
Ⓑ 代孝王劉参
Ⓒ 梁懷王劉揖

② 以下哪一本古書記載了各種不同的新式兔子烹飪方法？

Ⓐ 《詩經》
Ⓑ 《齊民要術》
Ⓒ 《本草綱目》
Ⓓ 《天工開物》

③ 望月砂這一味中藥，原材料是以下哪一種東西？

Ⓐ 朱砂
Ⓑ 兔子糞
Ⓒ 蜈蚣

答案見本回「小知識」

沒有一隻兔子能逃出古代人的胃

麻辣兔頭，
是四川最受歡迎的特色小吃之一。
據說四川人一年吃掉的兔頭多達 3 億顆，
串起來能繞地球兩圈。

同樣地，
在千年前的古代人眼裡，
兔子作為不可多得的美味珍饈，
早已深受歡迎。

別得意！
明明是我們
更受歡迎！

滾！

所以，
兔兔那麼可愛，
在古代究竟是被祕製還是麻辣？

在回答這個問題之前，
我們先來說點古代人吃兔兔的歷史。

古代人吃兔的行為由來已久。

早在《詩經》中就有記載，
在招待遠方客人時，
一道肥而不膩的烤野兔，
就是最合適的下酒菜。

有兔斯首，炮之燔之。君子有酒，酌言獻之。
——《詩經・小雅・瓠葉》

而在周朝的各種祭祀典禮中，
兔子更是必不可少的祭品之一
被稱為「明視」。

凡祭宗廟之禮：牛曰一元大武……兔曰明視。
——《禮記・曲禮下》

到了西漢時期，
甚至還出現過一個狂熱兔子控——
梁孝王劉武（漢文帝次子）。

他為養殖兔子專門承包了一大片園林，
還取名為「菟園」。

而生活在這片園林裡的兔子，
日常除了幸福地吃喝玩樂之外，
當然就是，
成為狩獵場和餐桌上的常客。

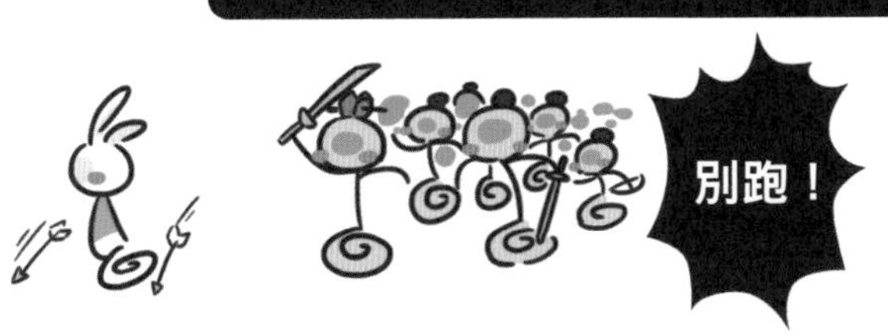

鬬雞走兔，俯仰釣射，烹熬炮炙，極歡到暮。
——《梁王菟園賦》

兔這麼可愛，
為什麼古代人要吃兔兔？

周朝時期的飲食禮儀制度中，
對天子、諸侯等各個階級的飲食都有詳細的規定。
其中天子吃的是「九鼎八簋」。

但有一個地方要注意，
這裡的「九鼎八簋」其實屬於禮器，
即平時根本用不上，
只有在祭祀或招待時才會使用。

> 簠簋俎豆，制度文章，禮之器也。
> ——《禮記，樂記》

那平時天子吃的都是什麼呢？

六穀、六牲、六清。
分別對應穀物、動物、飲料。

凡王之饋，食用六穀，膳用六牲，飲用六清。
——《周禮・天官塚宰・宮正／外養》

但這裡並不是指特定的六種食物，
而是在眾多的食物中！
隨機挑選六種就行。
保證天天不重複，每日都新鮮。

而在六牲的名單裡，
又能詳細分為六畜、六獸和六禽。
兔子，正是六獸中的一員。

庖人掌共六畜、六獸、六禽，辨其名物。
——《周禮・天官塚宰・宮正／外饔》
鄭司農云：「六獸，麋、鹿、熊、麕、野豕、兔。」
——《周禮注疏》

所以明白了吧！
在周天子吃香喝辣的影響下，
兔子也就慢慢進入了平民的菜單上。
於是，牠也就成功進入「被害名單」。

而且在幾千年來「能好怎」的習慣影響下，
兔子的吃法也一直在不斷推陳出新，
可以說是吃出了花樣！

甚至在春秋戰國時期，
烹飪兔子的方法還停留在原始階段——
塗上一層泥丟進火裡烤熟，
或者水煮後再做成肉醬，
也就是「醢」。

注：「能好怎」，指「能吃嗎？好吃嗎？怎麼吃？」

東漢時期開始，
出現了「兔纖」和「兔脯」。
這兩種作法類似現今的肉鬆，
把兔肉熬煮熟後，壓成纖細的條狀，
配上醋食用，風味更是獨特。

雞纖，細擗其臘令纖，然後漬以酢也。兔纖亦如之。
——《釋名・釋飲食》

到了魏晉南北朝時期，
因為烹調理論和技藝的發展，
兔子的作法開始獲得很大程度的革新。

在賈思勰所寫的《齊民要術》裡，
介紹了各種不同的新式兔子烹飪方法，
堪稱一代兔子美食彙編集。

書裡記載的，除了傳統肉醬法以外，
還新增了卒成肉醬法、五味臘法、兔臛法和蜜純煎魚法。

而其中的「兔臛法」，
就是古代最早有記錄的關於兔頭的烹飪方法。

所以四川的朋友們，
該知道要感謝誰了吧？

> 兔臛法：兔一頭，斷，大如棗。水三升，酒一升，木蘭五分，蔥三升，米一合，鹽、豉、苦酒，口調其味也。
>
> ——《齊民要術》

到了唐宋時期，
因為各種烹飪技術已經完全成熟，
關於兔子的烹飪法，
自然也是燒、烤、煎、炸、蒸、燉、煮，樣樣齊全。

甚至在唐朝「燒尾宴」（地位類似滿漢全席）的菜單中，
兔子同樣也有一席之地，
如「卯羹」等名菜。

而在宋朝美食書《東京夢華錄》裡，
也記載了如簽盤兔、炒兔、蔥潑兔等菜色。
烹飪兔子可以說花樣繁多，叫人不得不服。

但到了明朝，
一個男人的出現，徹底顛覆了
大眾關於兔餚的刻板印象。
他就是李時珍。

根據李時珍《本草綱目》記載，
兔肉味甘性寒，
能夠補中益氣，止渴健脾。

涼血、解熱毒、利大腸。
——《本草綱目·獸部·兔》

但如果只是把兔子藥用，又怎麼可算得上說「顛覆」。
你們可真是太小看李時珍了。

李時珍顛覆之處，
其實是發掘出了望月砂，
也就是兔屎。

這不禁讓我深刻理解到，
什麼叫「吃得苦中苦，方為人上人」。

明目砂，主治：目中浮翳，勞瘵五疳，疳瘡痔瘺，殺蟲解毒。
——《本草綱目・獸之二》

後來，直到 1980 年代，
兔子和四川人的世紀相遇，
才終於擦出了最美味的愛情火花，
——麻辣兔頭！

最後，我想說，
兔子已經過得那麼慘了，
求求你們就不要再問古代人對兔子是祕制還是麻辣了，
因為 ——
蜜汁火烤才是最佳吃法！！！

注：①明目是望月砂的別稱。
②其實在清朝前並不存在祕制或麻辣。因為，辣椒在明末時期才傳入中國。

小劇場

兔兔廚房
歡迎收看今天的兔兔廚房

兔兔廚
我們今天的主題是咖哩燉肥宅！
哇！聽起來就讓人很有食欲呢！

批閱處

首先把肥宅切成
大小均勻的塊狀，
加入八角、月桂葉，
醬油醃製片刻，
一起倒入鍋中。
小心切到手哦！

肥宅的哀號

兔兔廚房
開大火猛煮
啊
啊
啊
啊
啊

啊
啊
啊
啊
啊

九鼎八簋

九鼎八簋是周朝嚴格的禮儀制度在飲食上的呈現，只有天子才能享受九鼎八簋的最高規格。《禮記・禮運》提到：「夫禮之初，始諸飲食。」意思是禮儀制度和風俗習慣，始於飲食活動之源。周朝時期也是青銅器發展的鼎盛時期，其中禮器是周朝的青銅器中數量最多、製作最精美的類別，禮器種類包括烹炊器、食器、酒器等，並因此形成了獨特的飲食禮儀，從天子的九鼎八簋到諸侯七鼎六簋，再往下卿大夫五鼎四簋，以此類推，直到大夫、元士，都分別有對應的飲食規格。

九鼎指九個鼎。鼎是中國古代一種重要的禮器，在祭祀神靈、先祖等場合用來供奉牲肉，並且一般以奇數數量出現；八簋指八個簋，簋常與鼎配套使用，用來盛放煮熟的飯食，通常以偶數數量出現。

梁孝王的菟園

菟園也稱梁園，是西漢時期梁孝王劉武興建用來遊玩、宴請賓客的豪華皇家園林。司馬遷在《史記》中如此形容菟園：「築東苑，方三百餘里。廣睢陽城七十里。大治宮室，為複道，自宮連屬於平臺三十餘里。」菟園裡有行宮、陵園、山水亭台，種植了各種奇花異草，養殖各樣珍禽異獸，是皇家用來遊獵、娛樂的苑囿。

後世許多文人騷客也曾在菟園遊玩或居住，並且在菟園留下許多名作，著名的如李白的《梁園吟》。西漢文學家司馬相如也有一句關於菟園的名句「梁園雖好，不是久戀之家」。

隨堂考參考答案：①A②B③B

盲猜隨堂考

1. 為什麼外國人不像中國人那麼愛吃蟹？（複選）

   A 嫌剝蟹麻煩，浪費時間
   B 覺得蟹不好吃
   C 覺得蟹長得難看
   D 看蟹不順眼

2. 古代中國人最早想到保存蟹肉的方法是？

   A 將蟹肉跟其他調味品結合成蟹肉醬
   B 將蟹肉冷藏
   C 把蟹一直養著
   D 將蟹烤熟後保存

答案見本回「小知識」

中國人超愛吃的美味
原來是這個部位

前方高手請注意，除非你膨脹得厲害，
不然請保證手中有吃的東西！

提起蟹，想起那彈性的蟹肉，鮮味的蟹膏，
我們大部分人的口腔已經自動分泌唾液。

不過蟹這種美食卻遭到了外國人的嫌棄——
「覺得處理蟹肉很浪費時間、很麻煩，
為了那麼一點點蟹肉，要花那麼多工夫。」
（摘自紀錄片《風月人間》）

切，沒嚐過我大天朝美食，可惜了。

那麼中國人，
為什麼那麼懂得吃蟹？
蟹是怎樣滿足起整個中華民族的胃口，
讓所有中國人在秋天，
都不約而同地等待這份美味的降臨。
它又是怎樣激發中國人的創造力，
並且把對蟹的渴望根植在中國人的基因中呢？

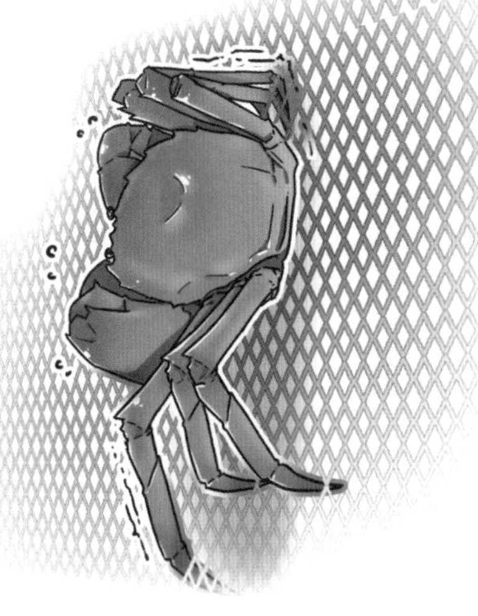

雖然第一個吃螃蟹的人，
具體已經不可考，
但一開始中國人接觸蟹的時候，
可能是瑟瑟發抖的。
正如魯迅所說的：

第一個吃螃蟹的人是很令人佩服的，不是勇士，誰敢去吃它呢？螃蟹有人吃，蜘蛛也一定有人吃過。不過不好吃，所以以後人就不吃了，像這種人我們應當極端感謝。

在第一次豁出性命品嚐美味後，
中國人就越發不可收拾地花式吃蟹。
蟹肉的新鮮美味只能保存在一小段時間內，
幾個小時之後，蟹肉就會被酶和微生物作用分解。

幸好，聰明的中國人想到了一種保存方式——
將蟹肉跟其他調味品調合成蟹肉醬！
一開始，貴重的蟹肉醬用於祭祀。在周代，《周禮》中就記載了：
「共祭祀之好羞。」
東漢學者鄭玄就說「羞」是指「蟹胥」，也就是蟹肉醬。

漢朝，蟹的地位依舊高高在上，
被當作貢品。
漢武帝一吃到蟹膠就稱讚道：
「這比鳳凰嘴熬出來的膠還要好吃！」

雖然我不知道鳳凰吃起來是什麼味道，
但漢武帝大概在表達這簡直宛如神仙美味。

善苑國嘗貢一蟹，長九尺，有百足四螯，因名百足蟹……勝於鳳喙之膠。

——郭憲《漢武洞冥記》

要說蟹最讓人味蕾炸裂，陷入瘋狂的，
便是香味濃厚，滋味持久的——

蟹黃、蟹膏！

中國人從很早期就認同，
蟹的這部分精華是最珍貴的。
後漢開國皇帝的兒子劉承勳就說過：
「十萬白八敵一箇黃大不得。」
一份蟹黃的價值遠比十萬隻蟹高得無法比。

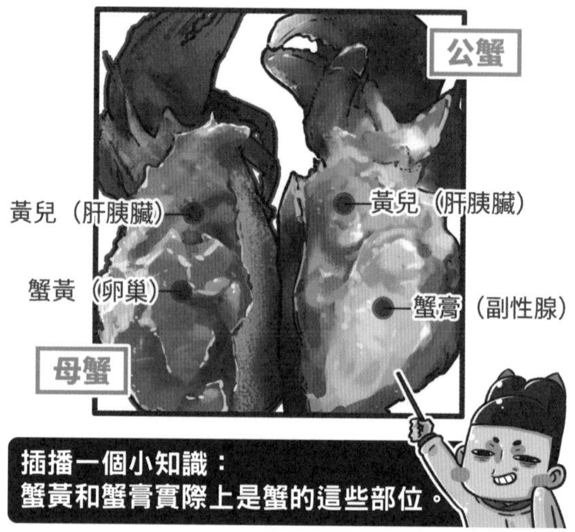

在魏晉南北朝時期的《齊民要術》中可以瞭解到，
人們發現 9 月份的蟹，肉是最肥、最美味的。
而在這個時期，中華民族的美食創造力，
更被蟹激發出來。

大家都知道，魏晉南北朝時期的人非常喜歡喝酒，
「糟蟹」就是用酒糟醃製蟹。
我覺得這可以算是醉蟹的一種吧。

酒的芬芳不僅去除了蟹肉的腥味，
更是將陳釀出的時間味道融入蟹肉的鮮味中。
兩種滋味的碰撞，
造就醉蟹的特別風味。

而這個時期的「糖蟹」，
則是用糖醋汁浸蟹。

在吃蟹的歷史上，
有一個重要的轉折，發生在唐代。
中唐之前，因為北方氣候還算溫暖，
北方人可以跟南方人一樣愉快地吃蟹。
後來北方戰亂，氣候也漸漸變冷，
北方人就少吃蟹了。

雖然吃蟹的人少了，
但也阻止不了一大批人，
大肆吹噓蟹的美味。

詩仙李白親自寫詩：
蟹螯即金液，糟丘是蓬萊。
且須飲美酒，乘月醉高臺。

而劉恂在《嶺表錄異》中還記載了
最懂吃的廣東人是怎樣吃海蟹的。
其中一種方法是把調味料放在螃蟹上，
將蟹整隻燒烤。

另一種辦法相對比較麻煩，
據説是挑出蟹肉，
再跟蟹膏一起填回殼裡，
抹上一層糊，油炸。
有點像今天的「炸蟹盒」。

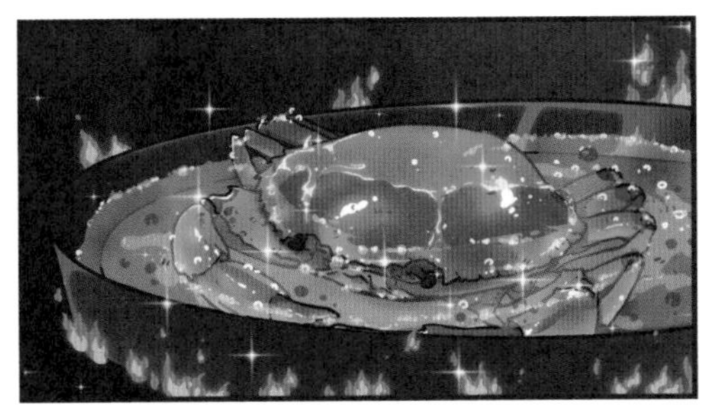

紀錄片《風味人間》中說到，
「中國人養蟹的功夫獨步天下。」
追溯起來，這還要多虧唐宋時期，
運輸和水產業的發展。

在這之前，
雖然出現了專門捕蟹的職業「蟹戶」，
但做這一行的都是虧死。

而現在，「蟹戶」不僅能賺錢，
甚至中國還制定了相關稅務，
由此，螃蟹也開始走向中國內陸。

一個人可以享受蟹的獨特，
一群人吃就更富樂趣。
為了讚美蟹有多好吃，「鼓勵」更多人吃蟹，
宋朝人甚至為此寫書！
他們像寫論文一樣分章分節地論證、研究蟹是多麼好吃，
出現了《蟹略》、《蟹經》、《蟹譜》等書籍。

在此過程中，蟹對中國人來說，
已經不僅僅是食物那麼簡單。
大名鼎鼎的蘇軾時不時就遭貶謫，
他卻說只有蟹才能夠治癒受傷的小小心靈 ——
「天生此神物，為我洗憂患。」
而且據說，嚐遍各種美味的他，
只有在螃蟹面前才是真正地折服，
承認自己「饞」。

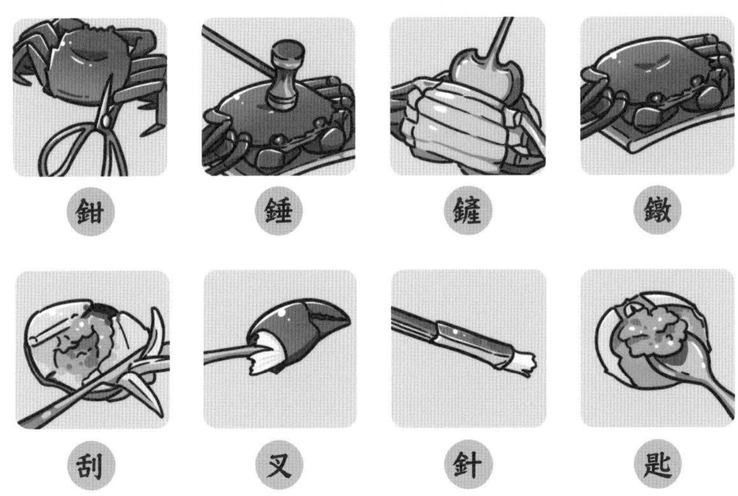

蟹八件

要說愛吃蟹的，
不得不提到清初文學家、戲劇家李漁。
在蟹還沒開賣的時候，他就攢錢。
這可是李漁的「買命錢」，
只能用來買蟹。
不僅如此，他把自家的婢女改名叫「蟹奴」，
自己卻得了個雅號叫「蟹仙」。

批閱處

《紅樓夢》中更是把吃蟹的隆重風雅
表現得淋漓盡致。
第 38 回中，
大觀園姐妹們共聚海棠詩社。
席間吃螃蟹，
寶、黛、釵三人還作詩一決高下。

對蟹的等待、欣賞、享受的過程中，
人們不厭其煩地研究探索
這種一年一季的美味。
而中國人的飲食、文化歷史上
少不了蟹的影子。
我們「竭盡才智，用美味慰藉家人」。
蟹不僅僅馴服了中國人的胃口，
也是我們歷史的見證者。

小知識

蟹八件

吃出一隻完整的蟹，不浪費一絲一毫肉，才是對蟹這種天賜美味的最大敬意。古人研究吃蟹發明了精巧的吃蟹工具。

「蟹八件」是蘇、滬、杭這些地方對吃蟹專用工具的俗稱。據明代美食指南《考吃》記載，食蟹工具有鉗、錘、鐽、鐓、刮、叉、針、匙，八種，對應現在的工具就是鑷子、腰圓錘、長柄斧、小方桌、刮片、長柄叉、針、調羹，分別有剪、敲、劈、墊、剔、叉、夾、盛等多種功能。但八件只是常規配置，吃蟹的工具甚至可多達 64 件。

這些工具不僅要方便使用，還必須精緻漂亮。因為文人雅士吃蟹，講究的是品味。賞菊吟詩啖蟹，是一種文化享受。考究的「蟹八件」應該是由白銀打造的。在晚清時期，「蟹八件」還發展成蘇州女生的嫁妝之一。

蟹和尚

吃大閘蟹的時候，掰開煮熟的蟹殼，會發現裡面有一個黑呼呼、軟綿綿的東西，因為外形看起來像一個打坐的和尚，所以大家稱作「蟹和尚」，它還跟《白蛇傳》的傳説有關。

魯迅在《論雷峰塔的倒掉》中就很詳細地寫道「蟹和尚」：秋高稻熟時節，吳越間所多的是螃蟹，煮到通紅之後，無論取哪一隻，揭開背殼來，裡面就有黃，有膏；倘是雌的，就有石榴子一般鮮紅的子。先將這些吃完，即一定露出一個圓錐形的薄膜，再用小刀小心地沿著錐底切下，取出，翻轉，使裡面向外，只要不破，便變成一個羅漢模樣的東西，有頭臉，身子，是坐著的，我們那裡的小孩子都稱他 「蟹和尚」，就是躲在裡面避難的法海。

隨堂考參考答案 ①A ②B

盲猜隨堂考

① 唐朝人最喜歡的水果是？

Ⓐ 西瓜

Ⓑ 蘋果

Ⓒ 香蕉

Ⓓ 櫻桃

② 在唐朝，窮人吃不起的是？（複選）

Ⓐ 甜味的點心

Ⓑ 蟹黃饆饠

Ⓒ 酥山

Ⓓ 櫻桃

③ 在唐朝的貴族宴會中，一定不能沒有的食物是？

Ⓐ 魚

Ⓑ 牛肉

Ⓒ 酥山

Ⓓ 米飯

答案見本回「小知識」

做出各種花樣的點心
唐朝人不認輸

說實話，唐朝，
真是一個非常厲害的朝代，
無論是表現在文化上，
還是經濟娛樂上。

但作為一個大齡肥宅，
我的關注點永遠都只會是——

所以在最近的摸魚吃瓜途中，
我就發現了一件事！

那個養活了長安城 200 萬肥宅的唐朝點心，
其實超級厲害！

饆饠

生活在唐朝的百姓，
可能不知道皇帝今天穿什麼顏色的內衣，
但有一件事一定知道，
那就是皇帝非常鍾愛胡食。

饆饠
就是由西域傳來的一種胡式點心，
類似今天的餡餅。

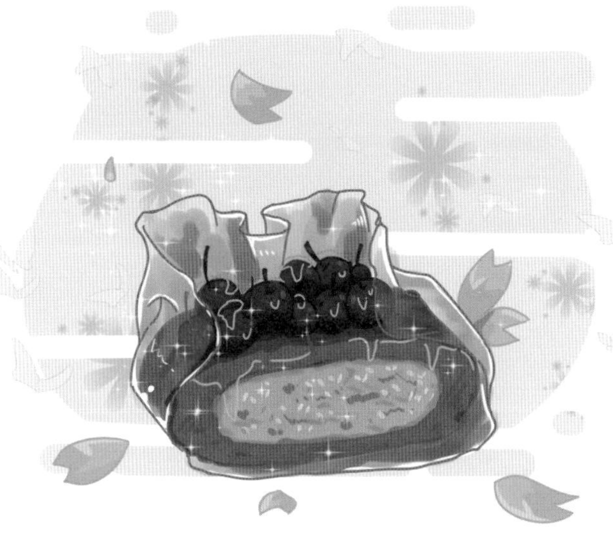

其實早在漢朝班超出使前，
饆饠就已經從西域傳到中國了。
但直到唐朝的時候，
才等到它真正發揚光大。

唐朝人鍾愛饆饠，
可以說是家喻戶曉。

如果在長安的街頭隨便走走，
十家店裡大概有一大半
都是賣各種不同的饆饠。

> 明經因訪鄰房鄉曲五六人，……邀入長興里饆饠店常所過處，……與客食饆饠計二斤。
> ——《酉陽雜俎續集卷一》

而且唐朝人製作饆饠的方法
也是各式各樣，
味道也會分成甜味、鹹味兩種。

唐朝甜味劑以麥芽糖為主，比較貴。

普通一點的吃法，
可以在饆饠裡夾蔥做成煎餅，
或者加肉餡做成鍋盔。
製作饆饠一般需要油煎。

高級一點的吃法，
可以在裡面加入蟹黃，
配上五種醬汁，蓋上細麵，
就是一道榮華尊貴的蟹黃饆饠。

> 赤蟹殼內黃赤膏如雞鴨子黃，肉白，以和膏，實其殼中，淋以五味，蒙以細面，為蟹飳，珍美可尚。
>
> ——《嶺表錄異》

而甜味饆饠的作法
則是加入櫻桃，
把饆饠餅皮做成半透明的粉色。

蒸熟後，櫻桃顏色不變，
外形也像是一顆粉嫩嫩的少女心。
一口吃下，甜過初戀。

> 韓約能作櫻桃饆饠，其色不變。
> ——《酉陽雜俎・酒食》

而在唐朝的燒尾宴菜單中，
也曾經出現過天花饆饠，
饆饠的人氣可以説真的非常高。

寒具

簡單來說，它是一種環形的油炸麵食，
像今天我們吃的麻花和饊子，
可以說都是由寒具演變來的。

但嚴格來說，
寒具並不是由唐朝人首創的，
因為早在周朝，
這種點心已經出現了。

> 《周禮》曰：朝事之籩。鄭司農云：朝事，謂清朝未食，先進寒具口實之籩。
>
> ——《太平預覽》

但在唐朝之前，
寒具一般是作為祭祀品而存在的。
到了唐朝之後，
寒具就開始慢慢朝著點心的方向發展。

古書記載，在燒尾宴中，
有一道名叫巨勝奴的寒具。
在一般寒具油炸的基礎上，
巨勝奴表面還額外澆上了酥蜜糖漿，
口味也因此變得甜脆可口。

像大宋美食家蘇軾，
曾經專門寫過一首《寒具詩》，
來表達對寒具的喜愛。

纖手搓成玉數尋，碧油煎出嫩黃深。
——《寒具詩》

據說在當時，
還有一種誇張的說法：
最頂級的寒具一旦入口，
嚼動的聲音甚至能「驚動十里人」！

第一次聽到有人把吃東西發出聲音形容得那麼雅致。

那個……真的不是……

酥山

在唐朝，
酥山是貴族才能享受的一款奢侈甜點。

或許很多人聽到「酥山」這個詞，
腦海裡浮現的是那種
港式酥皮點心。

但其實，
唐朝的酥山更像今天的凍乳酪，
屬於一種乳製品。

在當時的唐朝貴族宴會中，
你可以沒有大魚大肉，也可以沒有麵餅主食，
但一定不能沒有精美的酥山，
因為這代表了有錢人最後的體面。

酥山的製作方法
一般是先將「酥」加熱到接近融化的狀態，
然後在盤子之類的器皿上，
一邊淋「酥」，一邊將甜點折出造型。
這個過程又叫作「滴酥」。

有的時候甚至會用上雕刻的方法，
這又被稱為「雕酥」。
最後將淋好的「酥」放到冰窖裡冷凍至定型，
食用時還會插上花做點綴。

雖然酥山本身是白色的乳製品，
但在唐朝貴族的任性要求下，
也可以加入其他食材染色。

像比較流行的就有染成紅色的「貴妃紅」，
或者染成綠色的「眉黛青」。

> 貴妃紅，加味紅酥。
>
> ——《清異錄》

另外，由於唐朝的冰窖技術發達，
這種冰凍的奶製甜品不僅非常受唐朝人歡迎，
還吸引了眾多外來遊客，
根據馬可・波羅口述整理而成的《馬可・波羅遊記》
便曾經提到過 ——

櫻桃

它是唐朝人最喜歡的一種水果，
沒有之一。
也是一種代表了皇帝恩寵的水果。

櫻桃受到皇帝重視喜愛，
以及作為上等水果的最早記載
也是可以追溯到周朝，
櫻桃被天子當成珍供饈供奉在祖廟裡。

孝惠帝曾春出游離宮，叔孫生曰：「古者有春嘗果，方今櫻桃孰，可獻，願陛下出，因取櫻桃獻宗廟。」上乃許之。諸果獻由此興。

——《史記》

從此，贏得皇帝恩寵的櫻桃，
就像金齏玉膾一樣，
被皇帝當成籠絡群臣的手段。

在唐朝，
甚至有一種詩叫「櫻桃制」。
登科進士的才子們，
在皇帝賞賜的「櫻桃宴」中吟詠櫻桃。

而且他們也不是直接吃櫻桃。
在唐朝人看來，
把新鮮的蔗漿澆到櫻桃上，
就是春季最受追捧的高檔甜品。
人人都以能一嚐其甜鮮為榮，
甚至在百官上朝之後的工作餐中，
也是令人喜歡的重要角色。

而且唐朝貴族品嚐櫻桃，
還有一種非常流行的方式，
就是把櫻桃蘸著糖蒸乳酪一起吃，
即是上面提到的酥山。
這種吃法也叫「酪櫻桃」。

「酪櫻桃」堪稱春季的主打甜品。
吃櫻桃的時候，
把乳酪澆淋到鮮紅櫻桃上，
以鮮乳酪的肥濃滋潤口感，
配上初熟櫻桃的鮮嫩香甜和多汁，
再輔以琥珀色的冰蔗漿，
簡直好吃到一口飽滿，餘味繞舌 3 天。

最後，
可能有很多人都不太能理解，
為什麼會有人這麼喜歡吃點心。

但我想說，
在這個冰冷冷的世界裡，
沒有錢、
沒有對象、
沒有傲人身材，
連暖氣都沒有的你，

看在一身肥肉對你不離不棄的份上，
就對它好一點吧，
畢竟你還要指望它幫你過冬抗寒呢！

酥山

酥山的最底層是一層冰，古時候只有皇室或有錢人家才有冰窖，用來儲存冬天的冰，留到夏天來製作酥山之類的冷飲冰品。因此，酥山都是供皇親貴族或富貴人家食用的，因此，跟酥山相關的一切人物和故事，都充滿上層貴族的優雅和富麗。詩詞《春光好》如此寫：紗窗暖，畫屏閒，嚲雲鬟。睡起四肢無力，半春閒。玉指剪裁羅勝，金盤點綴酥山。

唐朝使用的甜味劑

中國古代食用糖，主要是飴糖和蔗糖。飴糖的主要成分是麥芽糖。麥芽糖出現的時間很早，是利用風乾的麥芽和穀物來釀造的。蔗糖主要是透過甘蔗榨取獲得的。在古時候蔗糖十分名貴，主產地是交州（現今中國廣東、廣西地區和越南北部、中部地區），並不是那麼容易得到。在《三國志》中有小官進獻甘蔗汁的記載。物以稀為貴，這也與當時南方較少種植甘蔗有關。

隨堂考參考答案 ① D ② ABCD ③ C

盲猜隨堂考

1. 夜市在以下哪個朝代開始出現？

Ⓐ 秦朝
Ⓑ 東漢
Ⓒ 唐朝
Ⓓ 宋朝

2. 外賣在哪個朝代開始出現？

Ⓐ 秦朝
Ⓑ 東漢
Ⓒ 唐朝
Ⓓ 宋朝

3. 古人有哪些夜生活？（複選）

Ⓐ 蹴球
Ⓑ 鬥鵪鶉
Ⓒ 放風箏

答案見本回「小知識」

且吃且珍惜
古代消夜進化史

每當夜深人靜的時候，
千萬不要往天橋下或者江邊走。
特別是遠遠望到有股輕煙飄起，
看似空曠卻有人聲的地方。

因為那裡會出現
勾人心魄，令人欲罷不能的神祕場所——
消夜攤。

民以食為天，食以消夜為先。
對一個「吃貨」來說，
沒有消夜的一天是對生命的不尊重。

然而，你知道消夜費了多少心思
才發展到如今繁榮的場面嗎？

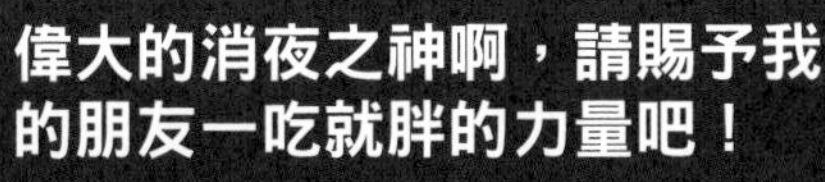

東漢之前的社會環境
對「吃貨」是極其不友善的。
當時人們的溫飽都還未解決，
消夜更是想都不敢想。

直到東漢初期，中國終於出現了夜市。
最早有記載的消夜攤
是在貿易繁榮的西北邊境，即現在甘肅一帶。

當時的商人們來來往往，
白天做生意，晚上吃燒烤，
進行美食和文化的大雜燴交流。
但當時全國範圍內，有夜市的地方僅有零星幾處。

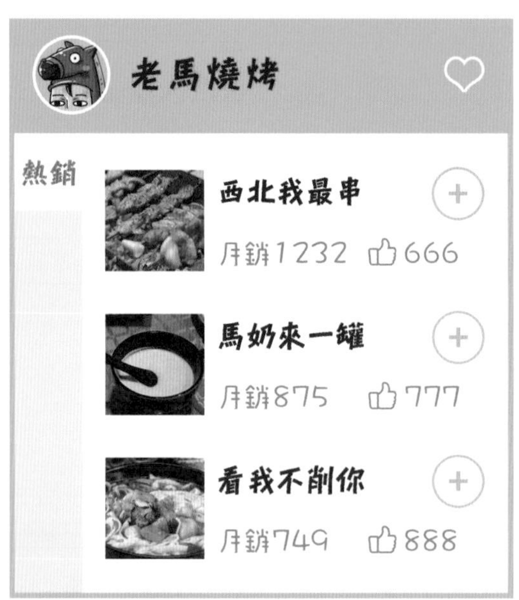

東漢的夜市規模不大，
畢竟是由於習俗或貿易需求而起，
只能算一種特殊的經營現象。
直到唐朝，
才進入了真正的消夜「大食代」。

初唐的時候，「宵禁」很嚴格，
晚上出門可是犯法的，
肚子餓了只能憋著。

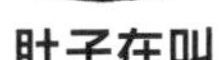

但這難不倒偉大的吃貨群眾。
到了唐朝中後期，由於城市迅速發展，
宵禁制度開始鬆動，
夜生活便開始熱鬧起來。

夜市千燈照碧雲，高樓紅袖客紛紛。
——《夜看揚州市》

批閱處

當時長安城的夜晚一片燈火不絕，
甚至連皇帝下令都無法阻止，
而深夜食堂更是隨處可見。

比較流行的一種消夜是「煎餅」。
它是一種將麵和蔬菜揉在一起，
下鍋油炸而成的食物，類似於現在的炸丸子。

到了宋朝，
商品經濟空前發達，
夜市被允許發展，
吃貨們終於光明正大地覺醒了「逛吃逛吃」的技能。

其中最重要的是——鐵鍋的出現！

鐵鍋讓人們開啟了美食世界的新大門，
天上飛的、地上跑的、水裡游的，人們都丟到鍋裡嚐嚐。

根據美食指南《東京夢華錄》提供的功能表，吃的有——

「出朱雀門，直至龍津橋。自州橋南去，當街水飯、爊肉、乾脯。王樓前獾兒、野狐、肉脯、雞。梅家鹿家鵝鴨雞兔肚肺鱔魚包子、雞皮、腰腎、雞碎，每個不過十五文。曹家從食。至朱雀門，旋煎羊、白腸、鮓脯、凍魚頭、薑豉子、臟、紅絲、批切羊頭、辣腳子、薑辣蘿蔔。」

夏天消暑的有 ——

「夏月，麻腐、雞皮麻飲、細粉素簽、沙糖冰雪冷元子、水晶皂兒、生淹水木瓜、藥木瓜、雞頭穰、沙糖綠豆甘草冰雪涼水、荔枝膏、廣芥瓜兒、鹹菜、杏片、梅子薑、萵苣、筍、芥、辣瓜旋兒、細料兒、香糖果子、間道糖荔枝、越梅、離刀紫蘇膏、金絲黨梅、香棖元，皆用梅紅匣兒盛貯。」

不僅如此，
當時餓了還能叫外賣！
《清明上河圖》裡就描繪了最早的外賣小哥。

「網紅飲品」、「網紅小吃」紛紛出現，
甚至引來了皇帝的注意，還獲得青睞。

據說宋孝宗在一次觀燈節過後，
叫了「南瓦張家圓子」和「李婆婆魚羹」等
幾家深夜食堂的外賣。
宋孝宗品嚐後龍顏大悅，給了多一倍的小費。

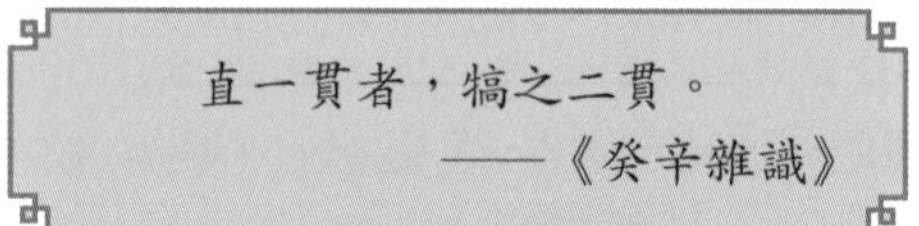

直一貫者，犒之二貫。
——《癸辛雜識》

到了明清時期，
大戶人家還出現「自營食堂」。

《紅樓夢》第 54 回裡，
賈母在大觀園開深夜派對。
客人玩餓了，鳳姐早已備好幾道消夜菜，
鴨子肉粥、粳米粥、杏仁茶等，
通通都是養生品！

明清時期的夜生活更是豐富多彩，
不光有吃的，
還有踢球、放胡哱、鬥鶴鶉等娛樂活動。

對於老百姓來說，
消夜為什麼不可或缺？

因為夜晚是對白天的安撫，
而消夜則是對夜晚的體恤。

什麼？為了吃你真的什麼藉口都想得出來喔！

因為朕能把肥肉轉移到
那些看完書不買書、不
宣傳的人身上！
啪

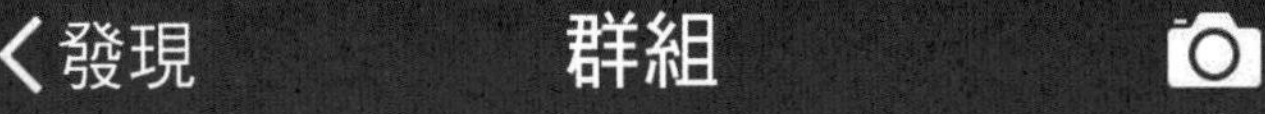

黃桑

今天跑了 5 公里，覺得自己超棒的！

3分鐘前　刪除

♡小太監

小太監

今天陪黃桑跑了 500 公尺，黃桑加油！

2分鐘前　刪除

黃桑　2分鐘前

喂……

批閱處

3 個人的約定，
只有一個人來。
……
說好的一起
運動呢？

發現
群組
保鏢
男人說話不算話算什麼男人！
1分鐘前　刪除
黃桑　1分鐘前
朕錯了 QAQ 下次一定到！
小太監　1分鐘前
對不起 QAQ 下次一定到！

宵禁

宵禁簡單說就是禁止夜間活動，通常會具體規定在何時以後開始宵禁。統治者會安排士兵夜間在城市內巡邏，抓捕違反者。

違反宵禁是大罪。在宋代之前，中國的城市幾乎都實施宵禁。客觀原因一方面在於古時候是傳統的農耕社會，百姓「日出而作，日落而息」，不太需要夜生活；另一方面，古時候經濟不發達，城市裡商業活動不熱絡，晚上沒什麼活動。但統治者嚴格實行宵禁的最主要原因是維護自己專制統治。月黑風高夜，適合偷偷摸摸，往往是各種犯罪活動好發的時刻。很多政變和起義都是在夜間發動的，因而，晚上也就成了統治者重點提防的時間段。下命令讓百姓老老實實地待在自己的家裡，統治者心裡踏實。不過一般在一些重大節日時會解除宵禁。

鐵鍋

中菜裡的大部分可以說是用鍋炒出花樣的。但是鐵鍋並不是一開始就被發明創造出來的。在鍋出現之前，很長一段時間，古人是分別用鬲和鼎去燒水、做飯、煮肉。鼎漸漸發展成禮器，成了權力象徵。而鬲發展到先秦時期成了釜，即成語「破釜沉舟」裡的釜。鬲的外形是底下有三個支撐腳的圓底大罐子，釜則沒有了底下三個腳。雖然用釜做飯比鬲方便，但它的造型更適合燉煮，而不是油煎、炒菜。鍋出現後，才有了用油煎炒食材的作法。中國現存最早的一部古代農業百科全書《齊民要術》第一次明確記載了古人炒雞蛋的作法，這是因為當時已經有類似鍋的烹飪工具出現。

但鐵鍋出現後又經過了很長一段時間，才在宋代普及開來。之前由於製作鍋所需的金屬用料昂貴，所以一般是富人才用得起，加上古時候冶煉技術不發達，產鐵量低，而且大部分鐵都拿去製造兵器，直到北宋時期冶鐵技術進步，產鐵量增長，才有多餘的鐵，製造大量的鍋，使得它變成大部分人用得起的炊具。

隨堂考參考答案 ①B ②D ③AB

盲猜隨堂考

① 在古代，買酒又叫？

Ⓐ 買醉
Ⓑ 買春
Ⓒ 買喝的
Ⓓ 飲仙

② 傳說中，中國的釀酒始祖是？

Ⓐ 杜甫
Ⓑ 杜康
Ⓒ 杜操
Ⓓ 杜牧

③ 古人飲酒還講究姿勢，請問「鶴飲」是指怎樣的姿勢呢？

Ⓐ 像鶴一樣站著喝
Ⓑ 喝完一杯去爬樹，下來再喝第二杯
Ⓒ 踮起腳尖喝
Ⓓ 躲在黑夜裡喝

答案見本回「小知識」

古人喝什麼？

酒，要用這些姿勢喝才香

飲酒過量，有害健康

酒，自古以來，
不僅與華夏歷史文明相融相生，
而且與人類的生活息息相關。
古人認為酒乃「春」也，
酒亦常以「春」來命名。

所以，
買酒又叫買春。

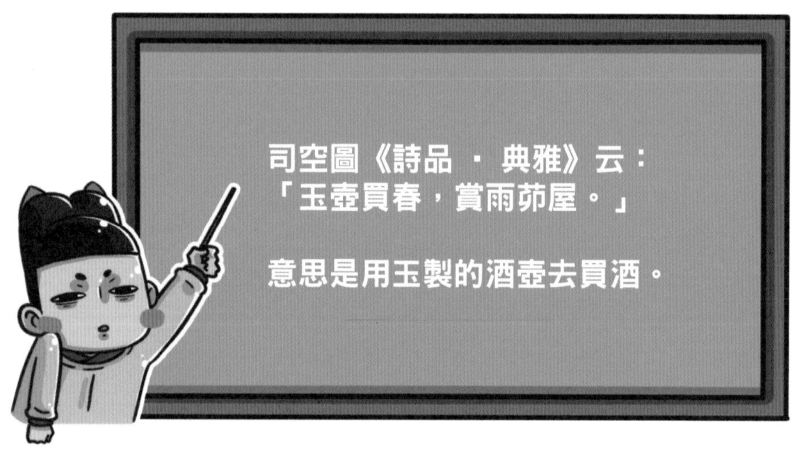

中國的酒文化源遠流長。
最早出現的酒，
據說源於夏朝的釀酒始祖杜康。

傳說杜康有一天
飯菜太多吃不完。
為了不浪費、省錢，
他把剩飯存放在樹洞裡。

結果這些剩飯，
經歷穀物發酵，
非但沒有變臭，
反而釀成了白酒。

直到元代，
古代的酒都是透過穀物發酵釀製而成，
元代之後，才有蒸餾酒。
香甜可口的穀物發酵酒度數低，
實際的酒精度數相當於現在的 3-10% 左右。

唐朝最強「迷弟」——杜甫，
曾經激情寫詩誇「偶像」李白，
「鬥酒詩百篇」。

按唐代度量（小量制）計算，
1 升約等於現在的 200 毫升。
李白飲酒 1 斗，
約等於喝了 2000 毫升，
也就是
3 瓶啤酒左右。

李白斗酒詩百篇，長安市上酒家眠。
天子呼來不上船，自稱臣是酒中仙。
——杜甫《飲中八仙歌》

奇葩古人的巨大腦洞
還表現在
360 度花式飲酒大法。

宋朝酒壇「網紅男孩」，
石延年和蘇舜欽，
靠著飄逸的飲酒姿勢，
一夜之間竟刷爆大宋的「頭條」。

姿勢一，鬼飲。

晚上不點蠟燭，
躲在烏漆嘛黑的地方，
時不時跑出來喝一口酒，
喝完又躲起來。

此喝法叫鬼飲，
講究神出鬼沒，極其考驗手速，
是單身人士的鍛煉首選！

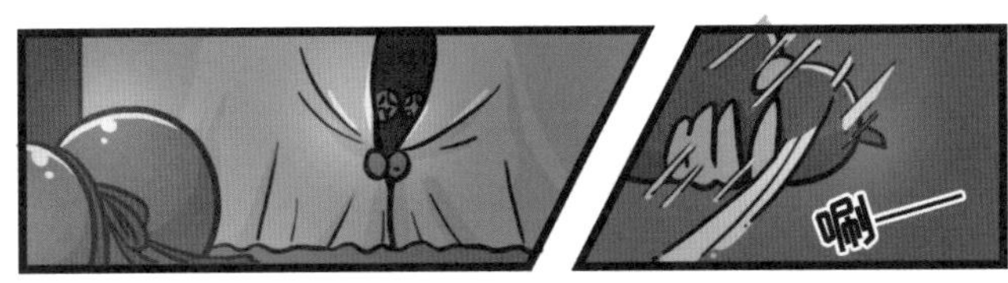

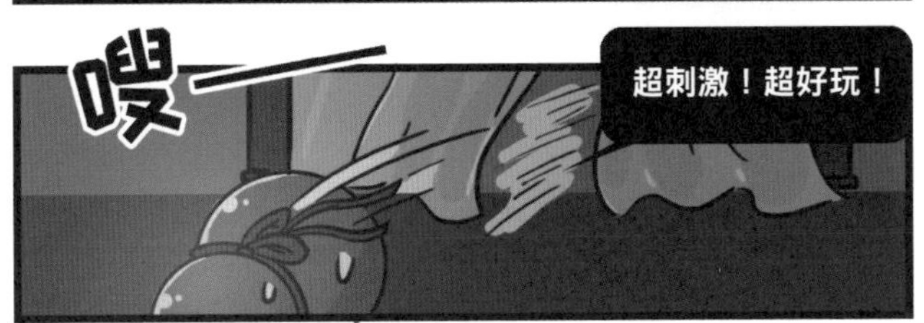

匿於四旁，一時入出飲，飲已復匿，謂之鬼飲。
——《夢溪筆談》

姿勢二，鶴飲。

喝一杯，爬一次樹，爬完下來再喝第二杯酒。

簡直要練出一身絕世輕功了，
不管是爬樹的技巧還是速度，
靠喝酒能速成。

鶴飲者，一杯復登樹，下再飲耳。
——《畫墁錄》

姿勢三，鱉飲。

這種又名「王八飲法」，
全身包裹在布裡，只露出頭喝酒，
喝完又縮回去。

似乎對治療頸椎病十分有幫助。

以稿束之，引首出飲，複就束。
——《夢溪筆談》

姿勢四，囚飲。

披頭散髮，光著腳丫，
穿戴著刑具喝酒，別具誘惑。

這根本就是腦子有洞。

露發赤足，著械而坐，謂之囚飲。
——《夢溪筆談》

飲酒的方式之多，
可謂千奇百怪。

縱然古代的酒度數低，
但酒鬼的宗旨是

魏晉時期名士劉伶，
是非常有名的酒鬼。

據說這位大哥一喝多了，
就愛脫光衣服裸奔。
哪怕有朋友來家裡喝個茶，
他發起酒瘋來也不會感到害臊。

我以天地為棟宇，屋室為褌衣，諸君何為入我褌中！
——《世說新語》

唐朝書法界的草書名人張旭，
同樣是個酒鬼，
他喝酒還喝出犀利的技能 ——
寫醉草。

寫醉草的第一步，
喝醉，用手把頭髮打散；
第二步，
把頭髮蘸著墨汁頂到牆上，
開始揮毫。

張旭以王羲之的書法為基底，
得法於張芝，
發展了傳統的草書，
與懷素開創了草書的全新境界。

除了歌手梁靜茹，
也就只有喝醉酒才能給他「勇氣」，
挑戰一個完全不一樣的自己。

> 脫帽露頂王公前，揮毫落紙如雲煙。
> ——杜甫《飲中八仙歌》

關於喝酒這件事，
戰國名醫扁鵲已經意識到一個道理：
小酌怡情，大飲傷身，強灌灰飛湮滅。
久飲酒者潰髓、蒸筋、傷神、損壽。

然鵝

即便是這樣，
也不要輕易保持清醒，
因為在派對上最危險的情況，
莫過於眾人皆醉我獨醒。
要是最後就剩你一個清醒，
那還有誰能夠替你買單呢？

不說了，
我要買春去了。

小劇場

批閱處

春江水暖鴨先知，
嘎嘎嘎嘎嘎嘎嘎！

一騎紅塵妃子笑，
哈哈哈哈哈哈哈！

小知識

蘇舜欽

蘇舜欽是北宋詩人，為北宋詩文革新運動的重要成員，他的名字常與歐陽修放在一起，並稱「歐蘇」；或者與梅堯臣合稱「蘇梅」。蘇舜欽的人生跟酒有密不可分的關係。他不僅喜歡喝酒，酒量還非常好，並且喝酒後的蘇舜欽能寫出好詩和好字——劉敞的《同鄰幾伯鎮觀祕閣壁上蘇子美草書》形容「壁間數字龍蛇動，神物通神亦恐飛」；曾鞏在《蘇舜欽小傳》提到「又善書，酣醉落筆，人競收以為寶」。

但也因為喝酒，蘇舜欽被官場仇家抓住把柄，向上告狀他舉辦酒會召妓女助興，還在酒會上寫誹謗朝廷的詩歌。既傷風敗俗，又對天子不忠。於是蘇舜欽一行人被抓。雖然後來蘇舜欽被釋放，仍然以監守自盜的罪名被削職為民。即使這樣，蘇舜欽餘生依然與酒相伴，只不過不再是當年的豪邁放蕩，而是藉酒消愁來麻痺不得志的後半生。

劉伶

劉伶是魏晉時期的名士，「竹林七賢」之一。他放蕩不羈，癡迷喝酒，寫下《酒德頌》，宣揚老莊思想以及喝酒放縱的情趣，身體力行地對抗傳統禮法，毫不在意世俗規矩。他隨身帶著一壺酒，走到哪裡喝到哪裡。還讓跟著他一起出門的僕人隨身帶上鐵鍬，以防哪一天他喝死了，可以就地埋葬。

放浪形骸的劉伶，喝多了會脫光衣服。《世說新語》記載了，劉伶酒後在家裸奔被人撞見，並嘲笑他不穿衣服，劉伶說：「我以天地為棟宇，屋室為褌衣，諸君何為入我褌中！」生動表現了他本人喜好老莊之學，崇尚自然，強調「無為而治」的追求。

隨堂考參考答案 ①B ②B ③B

盲猜隨堂考

1. 世界上第一棵茶樹 5000 年前出現在？

   Ⓐ 英國
   Ⓑ 日本
   Ⓒ 中國
   Ⓓ 印度

2. 英國人愛喝茶的風尚是誰帶領起來的？

   Ⓐ 查理二世的皇后凱薩琳
   Ⓑ 維多利亞女王
   Ⓒ 伊莉莎白一世女王
   Ⓓ 伊莉莎白二世女王

答案見本回「小知識」

中國有一樣東西
全世界都想要

這麼神奇的東西，
當然就是茶！

我看著宮裡那些外國友人，
為了想喝我的那杯茶，
快把宮裡的門檻都踩爛了好嗎！

踩爛我的門檻不要緊，
但是，
為什麼全世界都想要 ——中國茶？

據《神農本草經》記載，
「神農嘗百草，日遇七十二毒，得茶而解之。」

世界上的第一棵茶樹，
出現在 5000 多年前的中國。
我們的老祖宗早就發現，
茶具有清熱解毒的功效，
長期飲用還能促進健康長壽。

注：茶，古時候對茶的稱呼。

可是這些理由，難道外國人也知道嗎？
哈哈，敢情他們熟讀《神農本草經》，也是好事！

說起中國茶與茶文化，
受其影響最深刻的國家，
就是日本。

從唐朝到元朝，
日本遣使和學問僧，
來中國修行求學。
等他們回去日本的時候，
不僅帶回了茶的種植知識、煮泡技藝，
還帶回了中國傳統的茶道精神。
這些從中國傳播過去的文化，
逐漸形成具有日本民族特色和精神內涵的茶道文化。

看到上圖女孩們在磨茶粉、煮水沒？
她們用茶筅攪拌，打出泡沫。
這個過程就叫作 ——「點茶」。
日本僧侶當時傳回國的就是這種烹茶方式。

據《日本社神道祕記》記載，
僧侶最澄由中國傳去茶種後，
植於日吉神社旁（即現在的日吉茶園）。
最澄將茶種引入日本的同時，
也將茶飲引入了宮廷，深受皇室喜愛，
再後來全日本都開始流行喝茶。

所以我也能理解，
為什麼日本人一直想把茶道申請為世界遺產，
因為日本對茶與茶文化，也是相當看重的。

除了日本人以外，
最講究喝茶的外國人，
應該就數英國人了。

一個英國普通家庭的日常

打仗也停不下來

《茶葉全史》裡記載，18 世紀，
倫敦幾乎每個家庭都會存放茶葉，
從 20 幾先令的武夷茶到 10 幾先令的綠茶不等。
甚至有人批評：
「男人女人都荒廢工作，沉溺於飲茶，
甚至連農村的僕役也要求早餐飲茶」。

英國全民興起喝下午茶的潮流，
這股潮流的形成離不開一個人——
英國查理二世的皇后凱薩琳。

她原為葡萄牙的公主，
後來嫁去英國，
喝茶這個風尚據說就是由她引領起來的。

據說這位公主是一名「茶癡」，
遠嫁英國時她就帶了茶葉。
當時茶葉是奢侈品，
畢竟那時還是1560年，
茶葉剛從遙遠的東方漂洋過海而來。

等到了1610年，
葡萄牙跟荷蘭開始專門從中國進口茶葉。
直到 52 年後才將茶葉帶去英國。

凱薩琳每天早上起來，
都要泡上一杯茶，
其餘時間她還會在宮廷裡舉辦茶會，
招待一些女性貴族們聊天喝茶。

俗話說：
「上有所好，下必甚焉。」
其他人也紛紛仿效。

結果最後整個英國，
大家都養成了愛喝茶的習慣。
可見中國茶的魅力有多強大！

可是呢，
中國茶一來量少，二來價高。
所以英國人為了茶葉，
向中國軟硬兼施幾 10 年，
但對中國壟斷茶葉的狀況還是束手無策，
而且買茶還要向皇帝卑躬屈膝三叩首。

當時的中國還處於「天朝」階段，
清政府比較傲嬌，
雙方聊得並不愉快。

當時英國對中國貿易需求大，
而中國對英國的貿易需求小，
造成了貿易逆差。
英國為了抹平這種逆差，
就向中國人賣鴉片，
再用中國人的銀子買茶葉。

再往後的歷史，
都可以寫成一部血與淚的故事了。

英國人打茶葉的主意，
除了從中國下手，
也不是沒想過其他辦法。

在滿人入關以後，
有些漢人不堪壓迫，
逃亡到印度東北部的阿薩姆區，
把中國的茶樹大量移植過去。

很多英國人知道種茶可以致富，
便紛紛跑到印度搶地盤，
沒想到經營不善，
虧本的大有人在。
直到 100 年前，
那裡的茶樹種植才恢復原來的模樣，
成為後來的世界著名產茶區。

因為有了絲綢之路，
除了日本和英國，
愛上了中國茶葉的國家還大有所在。

摩洛哥人最愛喝的是中國綠茶。
據說只要嗅一嗅，
或者嚼一嚼，
他們便立刻能辨別好壞，
判斷出是中國綠茶還是日本綠茶。

不過他們雖然愛喝茶，
但摩洛哥國內並不產茶。
中國便派遣了大量技術人員，
去協助他們種植中國的綠茶。

北非的利比亞人也愛喝茶。
利比亞人喝茶的方式，
非常講究禮節，
很像中國潮州的功夫茶。
一頓茶下來，
總要兩三個小時才散。

這麼有趣的畫面，
可見有些非洲人，
也是重視飲茶藝術的。

茶這個東西嘛，
確實非常神奇！

古有絲綢之路熱銷三大件：
絲綢、瓷器、茶。
一片小小的茶葉，
既不能吃，也不能穿用，
還是成為全世界人眼中的網紅！

當然，我相信，
這麼多人買茶，
並不是為了那一片葉子，
而是為了一種品味，
一種文化。

可以是作為文人雅興的
「琴棋書畫詩酒茶」；
也可以是作為日常生活的
「柴米油鹽醬醋茶」。

中國茶曾風靡全世界，
中國文化和生活方式也影響了全世界。
聽起來不可思議，
就像後來可樂風靡全球，
已經成為一代傳奇！

現在，
我們也發展起茶的各種變化飲料，
例如，大家下午外賣單上的各種茶飲。
但大家對茶文化還知道多少？
在文化上又能夠向世界輸出多少呢？

小知識

第一次鴉片戰爭

第一次鴉片戰爭是西元1840-1842年期間，英國對中國發動的一場戰爭。英國政府以林則徐在虎門銷菸為藉口，派遠征軍侵華。這場戰爭是西方國家對中國發起的第一次大規模戰爭，打破了中國「閉關鎖國」的大門，是中國近代史的關鍵時刻。

鴉片戰爭以中國失敗告終。中英雙方簽訂了中國近代歷史上第一個不平等條約——《南京條約》，條約包括割讓香港島給英國、大量賠款、協定關稅等，嚴重危害中國主權的內容，中國開始淪為半殖民地、半封建社會。

抹茶

抹茶現在指碾磨成微粉狀的綠茶。通常能製作成抹茶的綠茶品種是很講究的。

抹茶源於中國的點茶，即將茶葉磨成茶粉，以熱水沖泡、攪拌後飲用。9世紀末，點茶隨日本遣唐使進入日本，被日本貴族和百姓接受並推崇，發展成為今天的日本茶道。「抹茶味」也成為日本常見的一種口味。

點茶起源於隋朝時期，在唐宋時期發展到頂峰。特別在宋朝時期，為當時生活中的「四藝」之一，與花藝、鑒古、品香合稱為「四般閑事」。明朝時期，中國人開始流行用沸水泡茶葉的喝法，點茶便失傳了，傳統茶磨也隨之絕跡。

隨堂考參考答案 ①C ②A

盲猜隨堂考

① 古代人喜歡的飲料有？（複選）

Ⓐ 奶　Ⓑ 茶　Ⓒ 果汁
Ⓓ 涼茶　Ⓔ 汽水

② 古代沒有冰箱、空調，他們想喝冷飲的話，只能？（複選）

Ⓐ 放進井水裡冰一冰
Ⓑ 鑿冰後放進「銅冰鑒」，做冰箱
Ⓒ 搧風吹涼
Ⓓ 以上都不存在，古代人沒有冷飲喝

③ 在元朝出現的「里木可水」，實際上是？

Ⓐ 檸檬水
Ⓑ 蜂蜜水
Ⓒ 涼茶
Ⓓ 可樂

答案見本回「小知識」

古代飲料大評比
黃牛也不放過的飲料究竟是什麼？

每到夏天，
在熱氣騰騰的街道上，
是什麼讓你——
饑渴難耐，
欲罷不能，
神魂顛倒，
不能自拔？

都說吃喝玩樂，
在古代，喝，僅次於吃的地位。
老祖宗們對於飯後喝什麼，
所發揮的智慧不可小覷，
其中有兩樣飲料被奉為佳品——
奶和茶。

奶

人乳，是古代權貴們所推崇的飲料。
李時珍在《本草綱目》就提到，
人乳可治「虛損勞、虛損風語、中風不語」。

雍正帝自以為最重要的一味良藥，
就是人乳。
他甚至讓御醫加進所開的藥方裡。

茶

人們說：「柴米油鹽醬醋茶。」
茶，自古以來就與生活密不可分。
從唐朝時期加入花椒八角蔥薑蒜的茶湯，
到宋朝花樣百出的鬥茶，
連全世界的人們都被茶征服。

然鵝

除了奶和茶，
還有第二大勢力風靡了古代的
大街小巷——網紅飲料。

秦漢——冰鎮雪碧

秦漢時期的飲料種類並不豐富，夏天只有摻了蜂蜜的蜜水，
喝法卻很講究——用冰鎮。

普通人家冰鎮只能依靠水井，而皇宮貴族則使用最早的冰箱。

漢末梟雄袁術十分愛喝冰蜜水。
據說他去世時正是大熱天，他想喝杯蜜水。
但當時軍中已絕糧，哪還有蜜？
廚師只能端來一碗熱水。

> 時盛暑，欲得蜜漿，又無蜜。
> ——《三國志·魏書》

袁術最後只能一聲長嘆，趴在床上吐血而死。

隋唐——飲子

隋唐時期的飲料叫作「飲子」，
是由果品或草藥熬製的保健飲料，
可以說是涼茶的最早版本了。

當時的長安城裡遍布飲子店，
現調現煮，消渴解暑。

《玉堂閒話》中便提到了一家飲子店：
當時長安城西市的一家網紅店飲料，
號稱能治療「千種之疾」，
名氣很大，並且一喝就好。

門外排起長龍，生意火熱，
還被黃牛將價格炒到「百文售一服」。

飲子店

中杯啥病都好，大杯長生不老

聽說喝了能活到100歲。

您今年高壽？

99歲。

宋代——熟水

「熟水」，顧名思義就是燒開的水。
這些燒開的水裡加了一些茶或中藥，
就成了治療暑濕困脾的功能飲料。

詞人李清照還是當時的網紅飲料「大V」，
她發明了白豆蔻熟水，
即用植物和果實一起煎泡，富含維生素礦物質。
渴了、累了，來一瓶，增強體能。

元代——里木可水

當年蒙古人西征中亞時，
帶回了一種飲料叫「里木可水」，
里木也就是檸檬。

據說當時忽必烈喝了後，瘋狂按讚，
還特地在廣州設置御果園，栽種了上千株里木樹。

明清——養生渴水

喝膩了各色中藥飲料，
中國人從明初就開始榨果汁喝。
他們把果蔬型飲料叫作「渴水」，
有林檎（沙果）渴水、木瓜渴水等。

到清代，
出現了一種新型飲料「荷蘭水」，
就是現在我們常喝的汽水。
「荷蘭水」從清朝的同治年間傳入中國後，
成為達官貴人宴席中的高級飲料。

中國人在喝的方面，歷史源遠流長。
古人發明的飲料也不止以上幾款，
還有各類「湯」、「涼水」
「冰粉」、「蜜水」等。

現代的飲料品項更多，
人們也越來越注重成分的選擇，
有些飲料含糖過量，會對健康造成不良影響。
實在想喝時請務必約朋友一起喝，

畢竟，不能自己一個人胖！

小劇場

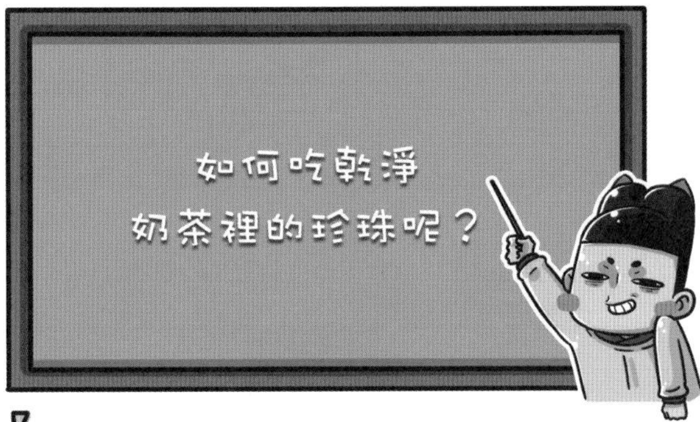

第1步

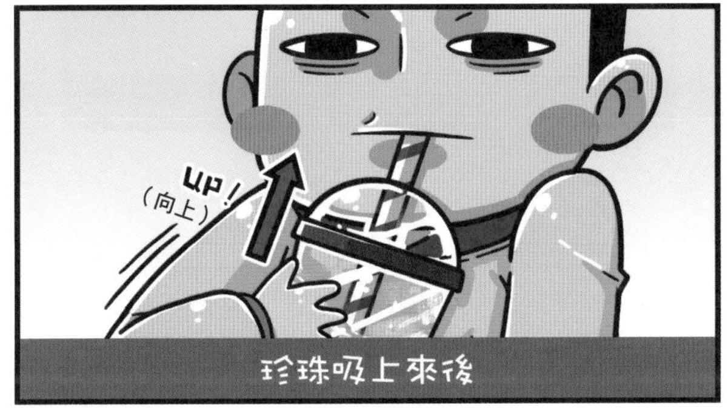

第2步

批閱處

這樣反覆數次，珍珠就能通通吃完

第4步

嘴裡含了一定數量的珍珠後

第5步

還能玩發射
珍珠小遊戲

銅冰鑒

銅冰鑒是一種用來防腐保鮮食物的用具，在中國先秦時期使用。「鑒」相當於一個金屬盒子，往裡頭放冰，將食物包圍在中間，可以發揮防腐保鮮作用，相當於中國最早使用的冰箱了。

早在《詩經》中就有記載奴隸們冬日鑿冰儲藏，供貴族們夏季使用；古籍《周禮》中也有「祭祀，共冰鑒」的記載。

古人的消暑辦法

中國古人使用冰塊消暑的歷史可追溯到商代。古人將冬天的冰藏在冰窖中，等夏天使用，又稱「藏冰」。周朝時期，朝廷已經有專門管理藏冰以及製作冷飲的官吏。

漢代時期有工匠發明出大型的室內納涼裝置——葉輪撥風，相當於今天的電風扇。不同在於，這需要人手搖動手柄轉輪子。後來發展到用水流帶動齒輪的方式，節省了人力。唐朝時，利用機器將冷水運上屋頂，然後沿著屋簷流下，形成人造水簾，消除外來熱氣，猶如現代的空調。

古人在夏天睡覺為了更涼爽，除了織草席、編藤枕外，還製作了「瓷枕」，即以瓷器製成的枕頭，睡在上面感覺冰冰涼。

隨堂考參考答案 ① ABCD ② AB ③ A

盲猜隨堂考

① 中國人在使用筷子前，吃飯用的是？（複選）

Ⓐ 手抓
Ⓑ 青銅匕
Ⓒ 勺子
Ⓓ 叉子

② 中國人喜歡用筷子的原因是？（複選）

Ⓐ 飲食越來越精細
Ⓑ 用餐方便又優雅
Ⓒ 可以用來吃粥和吃飯
Ⓓ 製作簡單

③ 筷子，原本叫作？

Ⓐ 箸
Ⓑ 筷
Ⓒ 棍
Ⓓ 筊

答案見本回「小知識」

筷子，中國最簡單和最有智慧的神奇工具

在遠古時代，中國人並不使用筷子，
而是跟西方人一樣使用刀叉，
甚至比西方人用得還早！

世界上最早發現的骨質餐具刀，
是在中國浙江河姆渡遺址裡，距今已有7000年。
先秦時代，人們還發明了青銅匕這樣
結合刀子和勺子功能的神奇工具。

青銅匕

「匕」原本是中國古代的一種餐具，
鄭玄注《儀禮》中就記載了，
「匕所以匕黍稷者也」，
「匕所以別出牲體也」。
也就是說，這種餐具可以用來吃飯吃肉。

後來這種餐具，演化成具有切割功能的刀具「匕首」，
以及用來取用、掏、撥食物的「勺子」。

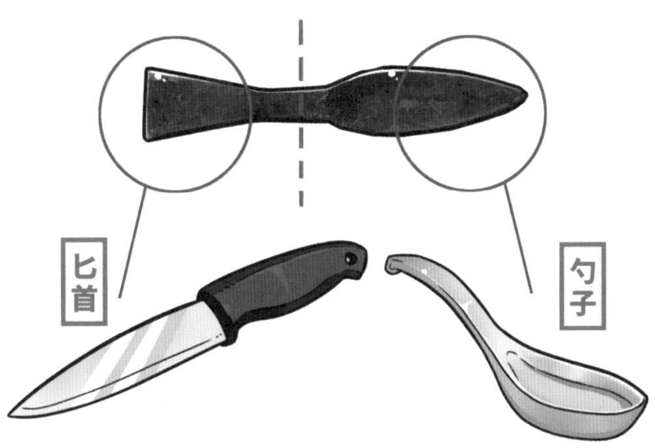

另一方面，
中國人之所以會開始
使用筷子這種工具，
還跟他們吃的東西有關，
例如，包含蔬菜在內等比較精細的菜色。

商周時期，中國吃貨已經不滿足於大塊吃肉，
他們要把飯菜做得更加精細！
這時候還出現了「周代八珍」，
這是最早的宮廷宴美食，
其中就包括米飯、煨烤炸燉乳豬、酒糟牛羊肉等。

這些食物，
一是已經切好，不再需要用刀子加工；
二是排骨等食物用叉子叉不起來；
三是食物太燙，用手抓更是不可能。

有這樣一個傳說，
大家都知道姜子牙大器晚成，
當他走上人生巔峰時，
已經 70 多歲了。

傳說在發達之前，
姜子牙除了直鉤釣魚，其他的都不做，家裡很窮。
他老婆很不爽，
就盤算著毒害姜子牙，另嫁他人，
於是就煮了一鍋肉。

姜子牙實在餓得受不了，
本想著直接用手抓肉吃，
卻被一隻神鳥阻止了兩三次。
神鳥還提醒他這麼燙的肉要夾著吃。
姜子牙覺得事有蹊蹺，
於是用竹子做了一雙筷子，
沒想到，筷子碰到肉竟然冒出了青煙。

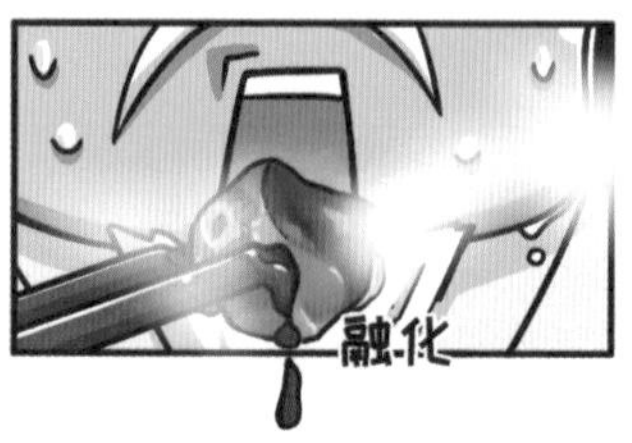

姜子牙因此保住一條命。
人們見筷子那麼好用，還能保命帶來福氣，
於是紛紛使用筷子。

雖然這只是一個傳說，
但商代的人們確實用了筷子。
《韓非子・喻老》就有記載：
昔者紂為象箸而箕子怖。

自從中國人發現了水稻、小麥等植物可做農作物，
就開發了種菜的種族天賦。
筷子不僅適合夾東西，還可以用來分類。
人們即使面對半液體狀態的粥，
也可以用筷子扒著吃，
於是中國人就更加熱衷於使用筷子。

中國人的飲食越來越精細，
於是筷子成功上位。
戰國以後刀叉就極少出現了，
用筷子用餐既方便，又很優雅，
貴族平民都喜愛。

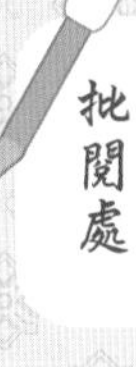

在古裝戲劇中，各位「愛卿」可以發現使用筷子時，
是由地位最高的人先下筷，
然後，其他人才跟著起筷。

大家能夠這麼和諧地吃飯，
還在於他們互相謙讓，
而筷子的方便造就了這樣和諧的氣氛。

因為中國人注重長幼有序，
在使用筷子的過程中，
中國人還制定了很多規則和禁忌。

例如，
不能「三長兩短」。
意思就是在用餐前或用餐過程中，
不能將筷子長短不齊地放在桌子上。

不能「品箸留聲」。
這指的是，不能把筷子的一端含在嘴裡，
來回囁嚅發出聲響。

不能「擊盞敲盅」。
主要是這個舉止實在太像——

批閱處

雖然有一些禁忌現在看起來有點荒謬，
但出發點是為了讓人們更加尊重「吃飯」
這一中國人交流感情的活動。

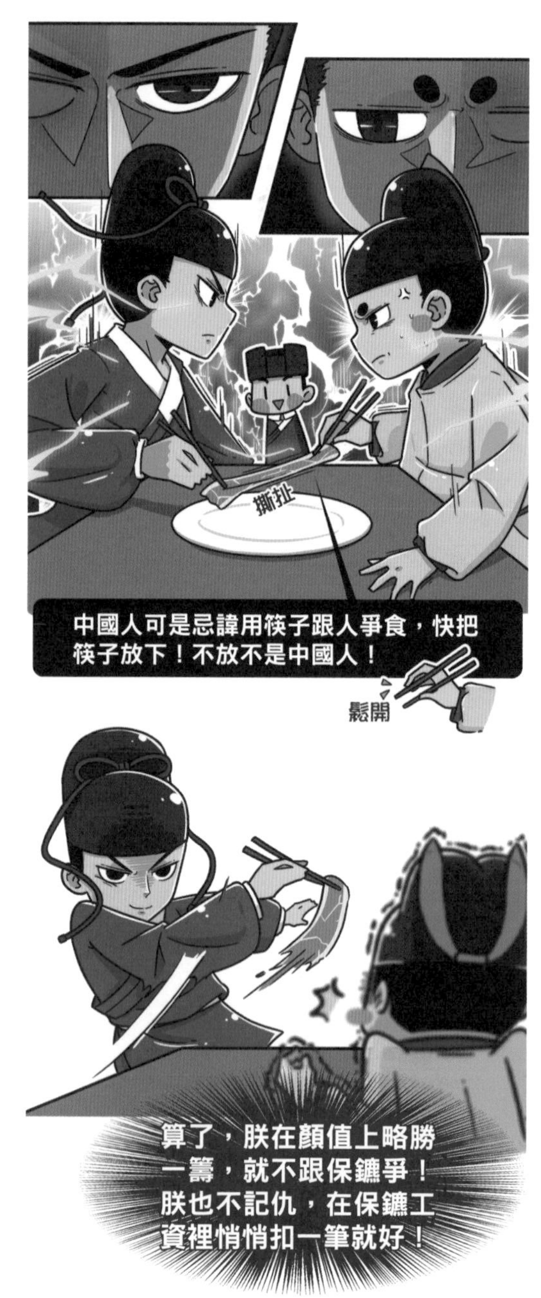

其實，筷子本身就含有福氣、美好的象徵。
筷子，原本叫「箸」。
據說明代江南水鄉一帶，船夫出航的時候，
十分忌諱「住」（箸與住同音），
因為「住」有停滯不前的意思，
於是，便將「箸」改為「筷」（與快同音），
希望能夠行船暢快無阻。

正是有了這些禁忌和美好寓意，
吃飯才有了儀式感。

隨著時間的推移，
一雙小小的筷子，
被賦予了團圓、和諧、秩序、禮儀等越來越多的涵義，
蘊含著中國人對生活的美好期盼。

批閱處

團團圓圓，鄰里和諧，長幼關愛，禮儀盡顯。
這就是筷子，
更是全球中國人代代相傳的福氣。

小知識

筷子的三大禁忌

筷子作為中餐中必不可少、又最具特色的元素，歷史悠久，在用餐禮儀中有三大禁忌。一是避免筷子豎插在碗中，因為看起來像上香，不吉利；二是用筷子在菜盤裡挑挑揀揀，顯得目中無人，會被視為缺乏修養；三是在用餐前或用餐途中把筷子長短不齊地擺放在桌子上，通常被視為「三長兩短」而不吉利，因為這個成語本身就是形容人遭遇不測死亡。

姜子牙釣魚

姜子牙又被尊稱為姜太公，是西周文王和武王的軍師。但姜子牙釣魚的故事更像民間傳說，並沒有正史記載。

傳說姜太公在渭水邊，用直鉤釣魚。當時還是西伯侯的姬昌（後來的周文王）外出打獵，路過渭水邊時發現了年老的姜子牙並與之交談，被他的才華吸引，帶回西岐，拜為「太師」。在姜子牙的輔佐下，經文王、武王兩代人的努力，終於推翻了商紂王的殘暴統治，建立了周朝。這個故事在民間廣泛流傳，歇後語「姜太公釣魚——願者上鉤」，就是來源於此。

隨堂考參考答案 ① ABD ② ABC ③ A

盲猜隨堂考

① 西周時期，火鍋叫？

Ⓐ 溫鼎
Ⓑ 暖爐
Ⓒ 熱坑
Ⓓ 火塘

② 西周時期中原百姓不可能吃到的食物有？（複選）

Ⓐ 辣椒
Ⓑ 蒜
Ⓒ 豆腐
Ⓓ 薯粉

③ 西周時期，能吃到鴛鴦鍋嗎？

Ⓐ 能
Ⓑ 不能

答案見本回「小知識」

來人啊！陪朕吃火鍋

人生三大幸福的事情：
脱單、調薪、吃火鍋！

於是我穿越回 3000 年前的西周，
和周公來一頓火鍋之約。

當時的火鍋叫「溫鼎」。

上面煮食物，
下面掀開小門，往裡面放炭火。

點火鍋湯底——
則是考驗友誼的時候。

最古老的鴛鴦鍋——分格鼎▼

乾脆一人一只鼎，就當吃麻辣燙。黃桑您隨便點，臣不差錢！
那朕要超級麻和變態辣！

?
哥倫布
要麻沒問題，花椒一定有，但辣椒要等到哥倫布發現新大陸後才有。

沒有辣椒，多撒胡椒也成。

不成，胡椒現在還在天竺那邊，
沒傳入中國。

那朕要吃個重口味的！菊花火鍋。
菜單
啪

菊花火鍋是晉代陶淵明的發明。黃桑您怎麼能侵犯他人的智慧財產權呢？
陶淵明
香！

不管湯料了，把朕的味碟
拿來。朕要蒜泥、蔥花。

黃桑你裝什麼蒜吶！蔥要等到春秋時期，
齊桓公北伐山戎帶回來，蒜更要等張騫通
西域才有！黃桑您點些別的，不差錢。
齊桓公
張騫
我有蔥！
我有蒜！

批閱處

朕餓了！要吃肉！

啟稟黃桑，臣制訂的《周禮》規定，諸侯無故不殺牛羊，士大夫無故不殺犬豚。

行吧，現在什麼都好，那就吃素，要豆腐和菠菜……

黃桑三思！

啊對，朋友群組裡說豆腐不能和菠菜一起吃，會導致腎結石。

誰要吃我豆腐。
劉安
不是那個原因。西漢的淮南王劉安才懂怎麼做豆腐，而菠菜要到唐朝才傳入中國。黃桑您想點別的，不差錢。

批閱處

甚麼都沒
有！朕要
喝兩杯降
降火！

黃桑難得有這個雅興，
這有家釀的黃酒。
白酒呢？
這個時候的蒸餾技術
不夠好，產不了白酒。
那來一杯 82 年
的拉菲壓壓驚。
我已經拜託張騫快遞葡萄，
大概 800 年後就能到。
……
黃桑您多擔待點，不差錢。

批閱處

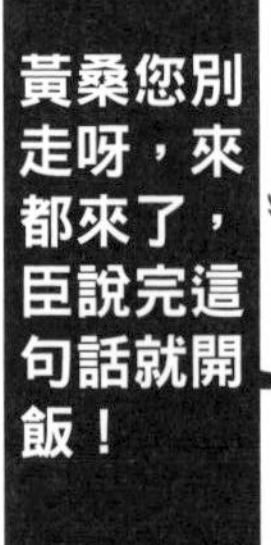

什麼都沒有，朕不吃啦！
黃桑您別走呀，來都來了，臣說完這句話就開飯！

說……

薯粉，不管是紅薯粉還是馬鈴薯粉，
要哥倫布發現新大陸後才能有代購！

真以為這樣就完了？

我還要吃——蒸羊羔、蒸熊掌、蒸鹿尾、燒花鴨、燒雛雞、燒子鵝、滷豬、滷鴨、醬雞、臘肉、松花小肚、晾肉、香腸兒、什錦蘇盤兒、燻雞白肚、清蒸八寶豬、江米釀鴨子、罐兒野雞、罐兒鵪鶉、滷內臟、滷子鵝、山雞、兔脯、菜蟒、銀魚、清蒸田雞、燴鴨絲、燴鴨腰、燈鴨條、清拌鴨絲、黃心管兒、燜白鱔、燜黃鱔、豆豉鮎魚、鍋燒鯉魚、烀爛甲魚、抓炒鯉魚、抓炒對兒蝦、軟炸里脊、軟炸雞、什錦套腸、滷煮寒鴉、麻酥油卷、溜鮮蘑、溜魚脯、溜魚肚、溜魚片、醋溜肉片……

小劇場

最近朕的粉絲團人數不斷減少，究竟是誰偷走朕的粉絲？

朕一定要把真兇找出來。

有看朕說嗎？紅衣小哥好帥！
我要轉粉絲團！
偷聽
偷聽
……

又是保鑣！朕回去就把他炒掉！

菊花火鍋

菊花火鍋顧名思義就是以菊花為食材的火鍋，為流行於江浙一帶的傳統名餚。中國古人食用菊花的習俗由來已久。晉初文學家傅玄在《菊賦》中有寫「服之者長壽，食之者通神」。

屈原特別喜歡菊花，將其視為高潔、美好的象徵，在《離騷》中，他寫下了「朝飲木蘭之墜露兮，夕餐秋菊之落英」。三國時期的曹丕也很喜愛食菊，用以養生，而且喜歡賜給親近的臣子一起食用。

而菊花火鍋相傳是陶淵明的首創。到了清朝，「菊癡」慈禧太后的菊花火鍋的奢華程度登峰造極。據德齡《御香縹緲錄》記載，慈禧享用的菊花火鍋，使用的是一種叫「雪球」的白菊花。用一口銀製小火鍋，裡面盛著肉湯，配生魚片、生雞片，以及盛著醬醋等調料的味碟。吃火鍋的時候，先把魚片、雞肉片扔進湯裡，燜煮幾分鐘，然後再放入事前已經摘好洗淨的菊花瓣。等菊花清香滲入湯內，包裹著魚片、雞片一起煮熟，氣味清甜。

豆腐

豆腐相傳是西元前 164 年，即漢文帝在位時期，由淮南王劉安發明的。劉安是劉邦的孫子，《淮南子》就是劉安和他的門客一同撰寫的。除了在文學上的成就，推廣豆漿和發明豆腐是劉安另外有名的貢獻。

據傳劉安在母親患病期間，每日用泡好的黃豆磨豆漿給母親飲用，母親的病逐漸好轉，豆漿也隨之傳入民間。古籍記載劉安在淮南八公山上煉丹時，不小心把石膏混入豆漿裡，意外得到豆腐。安徽淮南更有中國豆腐之鄉的美名。

隨堂考參考答案 ① A ② ABCD ③ B

盲猜隨堂考

① 張騫出使西域，帶回來的食物有？（複選）

Ⓐ 番茄 Ⓑ 黃瓜 Ⓒ 葡萄
Ⓓ 香菜 Ⓔ 胡椒

② 臨死前還不忘交代兒子「豆腐和花生一起吃，有火腿肉的味道」的名人是？

Ⓐ 陸游
Ⓑ 蘇東坡
Ⓒ 金聖嘆
Ⓓ 孔子

③ 魯迅說過以下那些話？（複選）

Ⓐ 沙琪瑪真好吃。
Ⓑ 我實在沒有說過這樣一句話。
Ⓒ 憑你還想吃天鵝肉？
Ⓓ 名人的話並不都是名言。

答案見本回「小知識」

古代美食達人

孔子曰：我就是愛吃肉

都說三月不減肥，
四月徒悲傷，
五月徒悲傷，
六月徒悲傷……

可是為什麼就是
控制不住自己啊啊！

朋友，管不住嘴其實錯的不是你！
~~而是這個世界上好吃的東西太多了！~~
而是中華民族身上的「吃貨」基因啊！

孔子，你認識吧？
知名教育家，教師的鼻祖！

但他實際上是個名副其實的大「吃貨」。
要上孔子的補習班，你得交肉乾當學費。
孔子的傳世名作《論語》裡，
提到「政」字有 41 次，
提到「食」也有 41 次。
可見，吃飯是和傳道一樣重要。

食不厭精，膾不厭細。
——《論語》

如果說孔子走的是精緻的吃貨路線，
那麼戰國時期的這位朋友則是以食量聞名——
廉頗將軍是一位很誠實的「吃貨」。
他每次求職之前就告訴人家，
「我是一頓飯要吃 1 斗米 10 斤肉的人」。
後來這位將軍年紀大了，想退休再就業的時候，
別人問他：
「廉頗老矣，尚能飯否？」
這是瞧不起我們吃貨廉頗嗎？

漢代的「吃貨」張騫，
不僅自己在出差的時候吃吃吃，還把好吃的全都帶回了中原，
葡萄、核桃、石榴、黃瓜、胡椒等等。
這些都是經過張騫認證，保證美味！

不過……
也正是張騫，
帶回來了現在飽受爭議的香菜……

前面幾個「吃貨」還能兼顧吃與工作，
下面這兩位「吃貨」則徹底貫徹了一個中心思想：
功名誠可貴，
利祿價更高，
若為美食故，
兩者皆可拋。

晉代張翰，
家住吳中，身在帝都，
秋天秋風颳起來的時候，
他想起家裡的蒓菜、鱸魚都肥了。

真的，此時、立刻、馬上、現在！
我就是想吃那個魚和那個菜！
怎麼辦？

無獨有偶，
唐朝有一名四品官員叫張衡，
業績十分突出，馬上就要升為三品，
就差長官簽字確認的時候，
卻因為吃而失去了升職加薪的機會……
這位張大人有一天下班回家，
還穿著制服、戴著名牌，路過一個路邊攤，
看到剛出爐的蒸餅香噴噴、酥脆脆、黃澄澄…
忍不住買了一個，坐在馬上就大吃大嚼起來。

偏偏這一幕被大唐風紀股長——御史台發現了，
覺得他吃相不雅，有失官儀，
直接告到了武則天那裡。
武則天也覺得有些丟臉，
於是就下令將他流放外地，
還剝奪了他晉升三品的資格。

我覺得，這場悲劇的主要原因其實是，
武皇自己沒機會路過路邊攤！
她要是走過路邊攤，就會知道——
路邊攤的魅力沒有人能拒絕！！

宋代的著名「吃貨」想必大家都很熟悉了，
第一位就是大名鼎鼎的——
北宋蘇東坡！

能吃，能做，能寫，
絕對是「吃貨」中的戰鬥機。
蘇東坡的一生可以說
從東京汴梁一直貶到海南。
被貶的地方有多偏遠，
當地的食材就有多好吃。
黃州的豬肉真香，
海南的生蚝超好吃！

除了這位著名大文人是「吃貨」以外，
南宋也有一位著名「吃貨」，
沒錯，就是那位愛打架、愛「擼貓」的陸游同學。

如果古時候有社群網路，他發在上面的動態絕對都是跟吃有關！
他說人間最大的快樂就是，
吃到好吃的生魚片，再配野菜。

> 人間定無可意，怎換得，玉膾絲蓴？
> ——陸遊《洞庭春色》

他說用野菜做的甜羹特別好吃。

> 年來傳得甜羹法，更為吳酸作解嘲。
> ——陸遊《甜羹之法以菘菜山藥芋菜菔雜為之不施醯醬山庖珍烹也戲作一絕》

他說唐安的薏仁怎麼能這麼好吃？

> 初游唐安飯薏米，炊成不減雕胡美。
> ——陸遊《薏苡》

如果說為什麼陸游的「吃貨」名氣，沒有蘇東坡的大，
那肯定是因為，
陸游專注吃素，
蘇東坡最愛吃肉。

但是說到最拚的「吃貨」，
以上這些都比不上這位——

清代著名評論家金聖嘆同學，
他被判決死刑即將處決之時，
兩個兒子來看他，
想著父親可能有什麼事情需要交待。
金聖嘆看到兒子們淚流滿面，
只囑咐道：
「為父只有這一件事情，
希望你們記住。」

批閱處

註：另有版本記載，當時金聖嘆說的是：「花生米與豆干同嚼，大有胡桃滋味。」；還有版本說，金聖嘆這一遺言並不是留給子女的，而是調侃獄卒的。

當然民國時期的「吃貨」就更多了，
例如，總是橫眉冷眼的魯迅先生。
魯迅在北京居住期間，
找遍京城美食，還頓頓喝酒，
特別喜歡吃小吃和甜點，
尤其是沙琪瑪。

縱觀幾千年來，
中華民族優良的「吃貨」基因代代相傳。
所以！
不要壓抑你的天性啊！
去吃啊！

御史台

御史台是中國古代官署名，儘管在不同的朝代有不同的名字，但職能基本沒變，那就是負責糾察、彈劾官員，肅正官場風氣，相當於現代中國的國家監察委員會。

張遷出使西城

張騫出使西域給後世帶來了影響深遠的文化交流，但這次出使的原本目的不是文化交流。漢武帝想聯合大月氏一起對抗匈奴，於是想找一個官員前往西域跟大月氏談合作，張騫應募擔任使者一職。

張騫兩次出使的路線開闢了中原通往西域的「絲綢之路」，牽起了西漢與西域的交流橋樑，促進彼此之間的政治、經濟、軍事和文化交流。尤其是文化，因為中原歷代封建政府都稱呼邊疆少數民族為「夷」，認為對方文化落後。而張騫出使歸來，帶來了西域的核桃、葡萄、石榴、蠶豆、苜蓿等十幾種植物，並開始在中原栽培。西域的音樂和胡琴等獨有的樂器也引入中原，豐富了漢人的文化生活。大宛的汗血馬在漢代非常有名，被稱為「天馬」，司馬遷在《史記》記載「使者相望于道以求之」。西域當時不產絲，那裡的人也不懂得如何鑄鐵器，後來漢朝的使臣和散兵把漢人這些技術傳了過去。

隨堂考參考答案 ① BCDE ② C ③ ABD

盲猜隨堂考

① 明末清初文學家張岱的愛好有以下哪些？（複選）

Ⓐ 美食
Ⓑ 戲劇
Ⓒ 花鳥魚蟲
Ⓓ 茶

② 張岱哪一篇作品上過課本？

Ⓐ《湖心亭看雪》
Ⓑ《自為墓誌銘》
Ⓒ《蔡伯凝八弟文》
Ⓓ《白洋看潮》

答案見本回「小知識」

寫紀錄片等級美食，課本出現過
這個「吃貨」擁有高級有趣的靈魂

說起古人中有名的「吃貨」，
「愛卿」一定會想到蘇軾。
但這次我要說的不是他。

提到明朝，
這個人一定是站在食物鏈頂端的存在——

會吃的不如他精緻，
精緻的不及他會耍，
會耍的不比他文藝，
文藝的不夠他犀利。

當人們已經習慣了
漢賦、唐詩、宋詞、元曲、明小說，
他在自己的小世界中
殺出一條血路，
將散文推到另一個高峰，
是公認成就最高的明代文學家之一！

周作人、林語堂是他的粉絲。
民國才女章詒和更說，
若生在明清，就只嫁給他。

批閱處

小岱夠坦率，
給自己寫墓誌銘的時候，
就直接説：

我就是個紈絝子弟，
喜歡熱鬧，喜歡看漂亮的小姐，
喜歡好看的衣服，喜歡好吃的，
喜歡花花鳥鳥，喜歡茶。
還是個書蟲和詩歌狂魔⋯⋯

少為紈絝子弟，極愛繁華，好精舍，好美婢，⋯⋯好古董，好花鳥，兼以茶淫橘虐，書蠹詩魔。

——張岱《自為墓誌銘》

不過，小岱雖然愛好多，
但是很謙虛地說自己學什麼都不行。
但是，這種「不行」，
你們懂的，就是學霸說的那種「不行」。

學書不成，學劍不成，學節義不成，學文章不成，學仙學佛，學農學圃俱不成。

——張岱《自為墓誌銘》

批閱處

張岱小時候是個藥罐子，
他家給他準備了好幾筐的牛黃丸，
他整整吃了16年……

吃了16年的藥，禁欲太久，
結果，一開葷，
對美食的愛一發不可收拾！

我要拋棄禁欲系，走向野獸派！

他描繪他所吃的，
美味得讓人驚心動魄，
簡直像是古人的美食紀錄片。
而且和其他看見美食就拍照發群組的「吃貨」不一樣，
張岱的吃，就兩個字——講究。
食物一遇上他，才能叫真正的美食！

前方注意！小岱要轉變畫風了！！

河蟹至十月與稻粱俱肥，殼如盤大，墳起，……酒醉飯飽，慚愧慚愧。

——張岱《陶庵夢憶．蟹會》

他撩起你的食欲，
還道歉著說：「慚愧慚愧。」
哎呀，好氣！

吃乳酪，小岱是自己養了一頭牛，
用盡了各種吃法，
還把祕方鎖起來，不外傳。

余自豢一牛，夜取乳置盆盎，比曉，乳花簇起尺許，用銅鐺煮之，瀹蘭雪汁，乳斤和汁四……其製法祕甚，鎖密房，以紙封固，雖父子不輕傳之。

——張岱《陶庵夢憶．乳酪》

小岱嘴刁，刁到什麼程度呢？
喝茶他能喝出是用哪裡來的水泡的！！
他還給自己立了三個原則——

非時鮮不吃，
非特產不吃，
非精緻烹調不吃。

批閱處

不僅如此，去全國各地每個地方該吃什麼，
他都瞭若指掌，
簡直憑他一人就可以
撐起一部《舌尖上的中國》！

越中最會吃的就是我張岱！！
我敢說第二，沒人敢說第一！
認識中國，從美食開始！
中國的美食，一樣也不能少！

北京｜蘋婆果、馬牙松
山東｜羊肚菜、秋白梨、文官果、甜子
福建｜福桔、福桔餅、牛皮糖、紅腐乳
江西｜青根、豐城脯

越中清饞無過余者，喜啖方物。北京則蘋婆果、黃鼠、馬牙松……三江屯蟶、白蛤、江魚、鰣魚、裡河鰦。
——張岱《陶庵夢憶．方物》

和他在一起，永遠不會感到寂寞。
他不僅喜歡踢球、狩獵、鬥雞，
還自己設計紙牌玩。
不僅喜歡當導演，
還自己做起了演員。

他半夜要是起了興致，
就會「任性」地拉來整個戲班子
到寺院中，
鑼鼓喧天地唱起來……
整個寺院的和尚被動看戲，
居然喜滋滋地看到天亮。
只是張岱這麼搞，搞得僧人們不知道，
是人是鬼，還是妖怪在作亂。

余呼小僕携戲具，盛張燈火大殿中……山僧至山腳，目送久之，不知是人、是怪、是鬼。
——張岱《金山夜戲》

雖然小岱哪兒熱鬧就往哪兒去，
但是當他獨處的時候，
他也能讓孤獨變得趣味起來！

批閱處

紹興少雪，要是一下雪，
他就高興得不得了。
甚至因為看雪，寫出了那篇
至今讓人心動，上過課本的《湖心亭看雪》！

崇禎五年十二月，餘住西湖。大雪三日，湖中人鳥聲俱絕。是日更定矣，餘拏一小舟，擁毳衣爐火，獨往湖心亭看雪。霧凇沆碭，天與雲與山與水，上下一白。湖上影子，惟長堤一痕、湖心亭一點、與餘舟一芥、舟中人兩三粒而已。

——張岱《湖心亭看雪》

他是個純粹的人。
可是，後半生卻被當時的人這樣評價——
廢物、頑民、鈍秀才、瞌睡漢……

一切由於明朝滅亡，樹倒猢猻散，
留給張岱的就只有「白茫茫大地真乾淨」，
以及以往那些繁華的夢……

有人說《紅樓夢》中的賈寶玉，
在現實裡最像的人，
就是張岱。

除了人生際遇相似外，
張岱，又字石公。
莫不就是大荒山青坡峰下
女媧補天所遺的一塊廢石？

小劇場

簽書會前
努力
練習

簽書會當天
好帥！
好帥！

這麼醜！賠我們一本新書！
饒命啊！
饒命啊！

張岱愛戲

張岱是明末清初的史學、文學大家，對吃喝玩樂，不像一般人止於表面享受，而是有特別興趣和研究。例如，張岱愛看戲，他會精心研究唱腔、身段和扮相，花錢出力去為行業興盛貢獻力量。張岱的家族中有不少人養戲班，他也不例外。他曾帶戲班出遊，晚上路過江北大運河畔的金山寺。這是宋朝名將韓世忠擊退金兵的地方，張岱就在寺中大殿叫自己戲班演韓世忠退金人的戲，一時間寺廟內鑼鼓喧囂，通宵達旦。

《陶庵夢憶》

《陶庵夢憶》為張岱流傳下來的主要作品，是一部筆記體散文集，記錄了明朝時期江南民間的風俗人情，也是他個人吃喝玩樂的經驗總結，包含日常生活、娛樂、戲曲、古董等內容，描寫簡練而生動。由於張岱本人的生活過得十分精緻，他的《陶庵夢憶》堪稱明朝生活的格調指南。

作為一名愛好廣泛並且癡迷愛好的人，張岱在《陶庵夢憶》有一句名言：「人無癖不可與交，以其無深情也。人無疵不可與交，以其無真氣也。」意思是，不要跟沒有癖好的人結交，沒有癖好的人沒有真性情；不要跟完美無瑕的人結交，沒有缺陷的人不真實。

隨堂考參考答案 ① ABCD ② A

盲猜隨堂考

1 古代女子，外形上最忌諱是？

Ⓐ 胖
Ⓑ 瘦
Ⓒ 濃妝
Ⓓ 不化妝

2 隋唐時期流行傷痕妝，是因爲？

Ⓐ 臉上有傷，柔弱美麗
Ⓑ 臉上有傷，證明能打
Ⓒ 臉上有傷，放蕩不羈
Ⓓ 臉上有傷，生人莫近

答案見本回「小知識」

慘白膚色、黑色口紅、臉貼魚鱗？古人美妝大盤點

每次到了春天
這個虐「單身狗」的季節……

我的「去死去死團信箱」就塞滿了
各式各樣對「單身」狀態
十分不滿的留言。

咳咳，
誰跟你說在我們古代，
長得胖和醜就會單身啊……

明明是……
不化妝才會。

濃妝

受歡迎指數：★★★★★

朱唇未動，先覺口脂香。
——韋莊《江城子·恩重嬌多情易傷》

淡妝

受歡迎指數：★★

卻嫌脂粉汙顏色，淡掃蛾眉朝至尊。
——張祜《集靈台·其二》

不化妝

嘖，走了走了，不看了。

不化妝的連打分數的資格都沒有……

化妝是那麼重要！
而且，早在春秋時代，
正妹們就開始化妝了！

你確定單身的你
現在還要繼續吃吃吃、睡睡睡？

黃桑的溫馨小建議

不如和我一起來，
學習一遍化妝史（看美女），
順便鞭策一下自己……

首先來建立一個概念，
古代妹子的妝容
和現在最大的區別就是底妝。

現在的妝容底色基本接近於膚色，
大家追求的是
「絕對不能讓你看出我化了妝」。

而在古代，
底妝最重要的一個步驟就是
把臉塗成白色。
大家追求的是
「一定要讓你看出我化了妝」。

其次，再是畫眉、
面部裝飾以及點唇妝。

好了，回歸正題。

秦漢時期

如果你看到一個妹子，
臉部妝容十分白，眉毛很黑，
頭髮簡單地梳在後腦勺，
看起來，很質樸嘛。

而且如果這個妹子還畫了
這種梯形的唇形，
那麼這是漢朝的妝容，沒錯啦。

漢武帝
8-17 09:45 來自朕說手機

朕要罷黜百家，獨尊儒術。你們都給朕老實點！

轉發 0　**評論 2**　讚 1

佚名漢朝男
8-17 09:46

女子德行比較重要，你給我老實點，化妝別那麼花俏！ @佚名漢朝女

佚名漢朝女：噢，那我就「粉白黛黑」唄。

魏晉南北朝時期

不要問我為什麼這麼多朝代一起講！

因為這段歷史時期還真的亂成一團，
妝容也是亂成一團啊！

在這個時期，
如果你看到妹子們
不修眉，
不要驚訝！

因為魏武帝至齊梁時期興起過
「連頭眉」。
那是一種兩邊眉頭連起來的眉式。

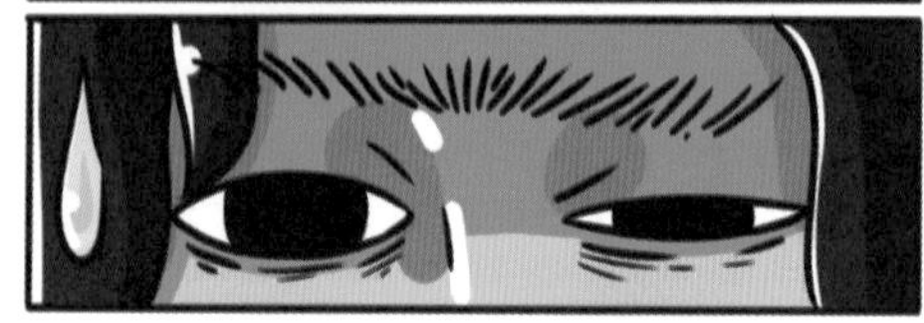

如果你看到妹子們塗黑色的口紅，
請不要驚訝！
這種唇妝叫「嘿唇」。

如果你看到漢子們化妝，
就更不要驚訝了，好嗎？

你以為魏晉時期那些美男子都是素顏的嗎？！
不止竹林七賢，不瞞你說，
曹操那一大家子都是敷臉愛好者。

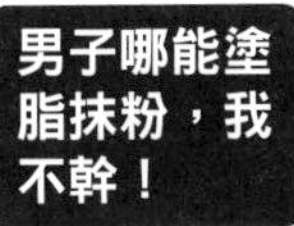

隋唐時期

唐朝的妝容只有一個要點——
浮誇。

第一，妝容一定要很紅很紅，
大概是想顯示我家的胭脂多到不要錢。

第二，臉上一定要貼很多裝飾。

第三，眉形一定要夠奇葩！
唐朝妹子：我們的主張是出奇制勝！

不過最奇葩的應該是
傷痕妝（斜紅）的流行。
妹子們會故意在臉上畫傷口，
顯得比較柔弱。

相傳這個妝容來源是由於一個宮女撞破頭後，
太陽穴流血，顯得分外柔弱美麗，
因此得到皇帝的喜愛。
所以妹子們流行畫傷痕妝。

宋朝時期

宋朝的妝容跟這個時期的審美觀一樣，
比較內斂。

主要表現在，
人人都愛豆沙色；
不點絳唇，點檀唇。

揉藍衫子杏黃裙，獨倚玉闌無語點檀唇。
——秦觀《南歌子·香墨彎彎畫》

明朝時期

明朝妹子的化妝潮流
差點讓某種鯡魚滅絕……

因為如果臉蛋上長有雀斑，
妹子會將鯡魚的魚鱗貼在臉上，
遮擋這些色斑。

清朝時期

清朝沒什麼好說的了，就一個字形容，小。

唇形一定要很小，
如果是正方形的下唇就更棒了！

看到這裡，我真是太感動了，
感謝自古以來女孩子都有
愛美（化妝），
這種優良傳統。

所以，
各位「愛卿」們（包括但不限於妹子們），
有沒有勇氣想給自己化一個有古代感的妝呢？

小知識

粉白黛黑

粉白黛黑這個詞語出自《楚辭．大招》。粉白指往臉上塗粉，使臉部膚色顯白；黛黑指畫眉毛，使眉毛烏黑。後來粉白黛黑泛指女子化妝打扮，也比喻美人。

古代中華男子美妝

中國古時候貴族階層的男子其實是很注重化妝的，用來美化外在形象。像漢代男子會往臉上敷粉，漢惠帝的男侍們就有「不敷粉不得上值」的規定，即不化妝不得上班；三國時期魏國的尚書何晏非常愛美，有「傅粉何郎」的美稱，不化妝從來不出門。史書上記載「粉白不去手，行步顧影」，描寫的就是他隨時補妝的情景。曹操的兒子曹植，也非常注重妝容。有一次客人突然來訪，曹植剛沐浴完畢，他硬是畫好了妝才出來見客人，讓人等了一個多時辰。

隨堂考參考答案 ①D②A

盲猜隨堂考

1. 古人減肥最流行的方法是？

Ⓐ 不吃飯
Ⓑ 健身
Ⓒ 吃異物

2. 五禽戲是以虎、鹿、熊、猿和 ____ 為原型。

Ⓐ 鳥
Ⓑ 雞
Ⓒ 豬
Ⓓ 鴨

答案見本回「小知識」

華佗提倡，強身健體，科學減肥

每一次過年放假結束後，大家是不是都覺得，
每逢佳節胖 3 斤呢？

從科學角度來說，這是不準確的。
雖然過年期間的飲食會比平時攝入更多的熱量，
但客觀地說——

自古以來，人們都很重視減肥，
如何趕走肚子上的 2 斤肉，
是一大歷史難題。
特別是漢朝，帝王對瘦美人近乎偏執，
漢宮飛燕的故事大家都耳熟能詳，
趙飛燕有柔軟纖腰，
跳起舞來，體態輕盈，彷彿可以放在掌心，
故得名「掌上舞」。

那麼問題來了，
在沒有健身房、減肥酵素、運動 APP，
卻也要追求前凸後翹、腿長的古代，
古人到底用什麼祕技保持身材？！

最流行的一個方法就是，
餓。

在古代，朝廷的喜好是整個國家的流行指標。
君王的衣著愛好能影響一朝風氣。
春秋時期的楚國，
有一場史無前例的瘦身運動，
發起者正是當時的楚靈王。

昔者，楚靈王好士細腰，故靈王之臣，皆以一飯為節。
——《墨子·兼愛（中）》

楚王喜歡細腰，這個喜好不分男女。
雖然楚王的提議看起來像是提倡健康的全民運動，
但臣子們為了不失寵，
紛紛把自己餓得只剩皮包骨。

每天束着腰扶着牆走，感覺身體被掏空。

脅息然後帶，扶牆然後起。
比期年，朝有黧黑之色。
——《墨子·兼愛（中）》

有些宮女更拚命，
乾脆直接生吞布帛，變相縮胃。

小腰婑墮三千人，宮衣水碧顏青春。
——鮑溶《章華宮行》

你說姑娘們為什麼這麼拚？
因為腰夠細，有福利呀！

這種方法雖然效果顯著，
但一味餓肚子對身體傷害實在太大了。
明代醫學家劉純在《短命條辯》裡說：

過飽傷人，餓治百病。

不過飽不等於不吃，而是晚餐適當減量。
這是古今通用的瘦身以及養生法則。

古人常犯減肥大忌——
只管住嘴，不邁開腿。
瘦著瘦著就死了！
所以神醫華佗為減肥設計了個最佳方案——
五禽戲！

五禽戲是華佗以虎、鹿、熊、猿、鳥為原型
創作的傳統健身方法，
而且「任力為之，以汗出為度」，
提倡科學地做有氧運動，強身健體。

此外，他還有個特殊的減肥方法。
當時有個賣肉的胖子想減肥，
華佗就讓他每天備 2 兩瓜子，
邊嗑瓜子邊走路，嗑完原路返回。
相當於每天健走 5 公里。

3 個月後，胖子果然瘦了不少，
從此華佗來買豬肉一律免費。

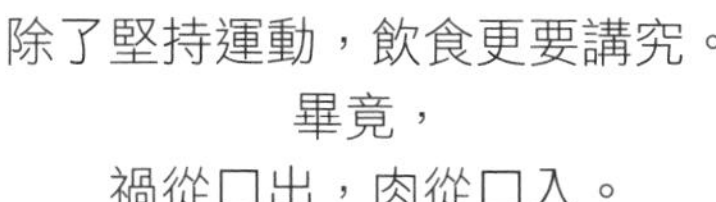

除了堅持運動，飲食更要講究。
畢竟，
禍從口出，肉從口入。

古人對吃十分講究，即使是治病也是注重食療。
例如，《本草綱目》裡記載了一個以山藥、山楂、枸杞等製成的方子，
並且被廣為傳唱。

俗話說，是藥三分毒。
在食療方面頗有研究的，
要數歷史上著名的「養生帝」蕭衍了。
他的終極療法就是
「不開葷」。

不吃肉，不沾油，不行房事。

蕭衍過了五十歲後便不近女色，
不僅不同床，而且不同房。

> 五十外便斷房室。
> ——《梁史》

我覺得，
關於減肥，無論用什麼方法，
最重要的就是有毅力堅持下去，
學會約束自我，在美食誘惑面前
大聲說：「我不去。」

換件衣服就來。

趙飛燕

趙飛燕是西漢成帝的第二任皇后，在漢哀帝時期為皇太后。雖然中國古代四大美女沒有她，但她依然以驚人的美貌著稱，據說身形纖細，體態輕盈，並且能歌善舞，獨受漢成帝 20 年專寵。成語「環肥燕瘦」形容的就是她和楊玉環，後來「燕瘦」也常用以比喻體態輕盈的美女。

趙飛燕的舞蹈留給後人眾多遐想空間，有著濃重的傳奇色彩，不少古籍都記載了她美妙的舞姿。《西京雜記》描寫「趙后體輕腰弱，善行步進退」；《趙飛燕別傳》寫道「趙后腰骨纖細，善踽步而行，若人手持花枝，顫顫然，他人莫可學也」。傳說她能站在人的手掌之上跳舞，以此證明她身輕如燕。

楚王好細腰

「楚王好細腰，宮中多餓死」說的是春秋時期修建了章華台的楚靈王。楚靈王對細腰的瘋狂執念，在《戰國策》、《墨子》等眾多古籍裡都有記載，後人因此也稱章華台為「細腰宮」。但楚靈王對細腰的喜愛並不只是限於女性，而是不分男女。為了迎合君王喜好，首當其衝減肥的是楚靈王的臣子們。他們為了討好君王不惜餓死，每天只吃一碗飯。早上起床第一件事就是用腰帶狠狠勒緊腹部，以至於扶著牆壁才能行走。上行下效，引得民間也颳起細腰之風。於是楚靈王在位期間，細腰成了舉國上下的一種風尚。

隨堂考參考答案 ①A ②A

盲猜隨堂考

1. 以下哪一種不是古代人冬天用的取暖方式？

   Ⓐ 燒炭
   Ⓑ 穿裘
   Ⓒ 通暖氣
   Ⓓ 曬太陽

2. 哪兩種動物的皮毛在古人看來做裘最爲珍貴？（複選）

   Ⓐ 狐狸
   Ⓑ 貂
   Ⓒ 狗
   Ⓓ 鹿
   Ⓔ 兔

答案見本回「小知識」

古人這麼活？

富人穿裘，窮人披草還有這些取暖方法

天氣冷的時候，
要麼給我抱一抱，要麼送我一件貂。

坊間有這麼一個說法：
一個人成熟的最主要標誌，
就是會主動穿秋褲。
可見「禦寒」，是一種多麼可貴的人類本能。

后羿當年用心良苦射掉九個太陽的時候，
一定沒有料到，
如今幾乎人手一個取暖用的小太陽（註：取暖器）吧……

然鵝

在沒有電力和其他能源的古代，
我們的祖先是如何度過寒冬的呢？

遠古時期，地球上只有三種人：
穿獸皮的人，穿樹葉的人，不穿的人。

害羞

有點害羞

完全不害羞

隨著經濟發展，出現叫「貧富差距」的現象，
讓動物的皮毛成為了王公貴族的專利。

富貴人家從古到今都在穿裘。
裘是皮毛一體且毛在外側的服飾。
用來製裘的動物包括狐、犬、羊、鹿、貂、兔等，
其中狐與貂的皮毛最為珍貴。

不過，雖然貂是永恆的，
取暖所用的設施卻一直在進化。

半坡時代，烤著唄！

火塘是一種兼顧烹飪和取暖的多功能設施。
雖然它跟現代火鍋的原理都是鍋加火，
但因為用火塘燒柴，火勢不易控制，所以不支持涮菜。

春秋戰國，火鍋誕生！

楚人透過炭加熱銅鼎或鬲，烹煮食物，
並選擇生薑、羊肉、狗肉等冬季養生食材，
以食補取暖。

秦代，宮裡通暖氣囉！

秦代的皇宮裡用火牆，加熱整、座、宮、殿。

秦長樂宮的「火牆」，
將空心管道布於宮殿牆壁與炕床之下，
在炭口燒炭，熱力將沿著夾牆
溫暖整個大殿和臥榻。

咸陽宮殿的洗浴池旁設有壁爐，
作用類似於現在的浴室暖風機，這樣洗澡就不會冷著了。

漢代，再給我加點佐料！

西漢皇宮在長樂宮與未央宮均設有溫室殿，
裡面除了西域毛毯、雲母屏風等配件，
最主要的特色是以花椒和泥塗壁。

> 皇后稱椒房，以椒塗室，主溫暖除惡氣也。
>
> ——《漢官儀》

唐代，你看爐子，我看妹子！

唐玄宗的弟弟，岐王，
手冷了就伸進年輕貌美的妓女懷裡，
名曰「香肌暖手」。

唐玄宗的另一個弟弟，申王，
每逢冬日苦寒，
就召來多名宮妓密密麻麻圍在他身側。
軟玉溫香，人肉取暖。

申王每至冬月，有風雪苦寒之苦，使宮妓密圍於座側，以禦寒氣自呼為妓圍。

——《開元天寶遺事》

宋代，家裡出現了「第三者」！

湯婆子，熱水袋的鼻祖，
又名錫夫人、腳婆。
一般為南瓜形狀小圓壺，
有銅質、錫質、陶瓷等多種材質。

因為它像老婆一樣能暖被窩，
還不像真老婆一樣需要好吃好喝伺候著，
在當時頗受廣大男性的喜愛……

明清時代，我的手爐超時髦！

手爐，是堪比工藝品般精緻的便攜取暖器具，
可置於袖中或揣於懷中。
手爐的材質以琺琅、黃銅、紅銅居多，
還配以提手、雕花、刺繡罩子等一應俱全。

妹子們提著手爐就可以參加派對！
而讀書人更愛用它暖手疏血，以方便看書作畫。

那鳳姐兒家常帶著秋板貂鼠昭君套，圍著攢珠勒子，穿著桃紅撒花襖，石青刻絲灰鼠披風，大紅洋縐銀鼠皮裙，粉光脂艷，端端正正坐在那裡，手內拿著小銅火箸兒撥手爐內的灰。

——《紅樓夢》第六回

清朝皇宮裡沒有正規的廁所。
冬季取暖所用的炭灰積攢起來，
正好用於處理排泄物……
相當於「人用貓砂」。

時至今日，
由於男女比例嚴重失調，
我只能順應時代，
調整了一下冬日取暖的方式。

再冷，也要愛護小動物唷！

古代百姓怎麼取暖？

古代百姓在冬天取暖的途徑很有限，基本限於多穿衣服和生火取暖。就穿衣而言，普通百姓的選擇也不多，大部分人只能穿褐（一種做工粗糙的粗布衣服）。陶淵明在《五柳先生傳》就用「短褐穿結，簞瓢屢空」來描述自己清貧的生活。除此之外，打柴生火取暖是重要的補充。相對而言，皇親貴族、大富大貴人家的取暖方式就要豐富得多，甚至超出了實用的範圍，而成了一種攀比炫耀的途徑。

火的發現

在人類發現火之前，野火便已經在大自然中存在——火山爆發、雷電擊中森林樹木、陽光照射自燃等等，這些自然現象都會產生火。在學會人工取火之前，原始人用火主要靠收集保存隨機遇到的火種。

據中國的神話傳說，第一個發明人工取火的是燧人氏，採取的方法是鑽木取火，據說是受到一種像鴞的鳥啄木頭產生火光的啟發。

人工取火對人類社會的發展有著非常重大的意義。火可以用來燒烤食物、照明、驅趕野獸、冬天防寒等等，大大改善了人類的生存幾率和生活品質。燧人氏也因此被奉為「火祖」，位列三皇之首。

隨堂考參考答案 ①D ②AB

盲猜隨堂考

1. 古人的購物節是？
   - A 端午節
   - B 春節
   - C 乞巧節
   - D 中秋節

2. 從哪個朝代開始，百姓購物用紙幣？
   - A 元朝
   - B 宋朝
   - C 明朝
   - D 清朝

答案見本回「小知識」

七夕，古人的購物節

在買買買這件事情上，
總能看到「失去雙手」的人們痛哭流涕，
總是發誓「就買這一次」。
但這群神奇的人在不久後又會長出新的手，繼續剁。

一年到頭，
大大小小的購物節讓我頭疼不已。
自古後宮多敗家，
平民百姓網上買東西用的是購物車，
而我的妃子們用的卻是——

我就帶大家瞭解一下，
在沒有網路購物、沒有電子商務的古代，
人們是如何放肆地買買買呢？

眾所皆知，現代的光棍節早就變成購物節了。
而在古代，古人的購物節竟然是七夕。

七夕，也就是乞巧節，源於漢代。
在宋朝時，七夕可是個盛大的節日。
少女們會在這一天爭相在庭院穿針引線，
乞求巧智。
而這一切，都來自當時神祕的「網紅力量」。

> 漢彩女常以七月七日穿七孔針于開襟樓，人俱習之。
> ——《西京雜記》

這是在古代文獻中關於乞巧節最早的記載，
當時的「人氣直播主」宮娥彩女，
一手針線活玩得極其優秀，
引得人們爭相模仿。
但她萬萬沒想到被當時的商家炒作成了，
全民購物節。

> 七夕，潘樓前買賣乞巧物。自七月一日，車馬嗔咽，至七夕前三日，車馬不通行……至夜方散。
> ——《醉翁談錄》

古時候的男女分工明確，男耕女織。
姑娘們都渴望自己心靈手巧，
所以購買乞巧物品成了七夕的一大需求。
人們還會在當天大擺宴席，望月祭拜，
在「剁手」的同時多了一份期望。

絲綢之路開通後，
海外購物不是夢。
然而從前車馬很慢，
好幾個月才能收一次快遞。
除非你生在帝王家，
享有皇家的超級快遞服務，
確保吃的用的，樣樣新鮮。

沒有買賣就沒有傷害啊。

作為古代四大美女之一的楊貴妃，
唐玄宗為了讓她能嚐到新鮮的荔枝，
命人從嶺南快馬加急將荔枝送到長安，
這麼長的路途，累死的馬匹和差役不計其數。

快遞不發達的年代，
普通人逛街購物只能去市集上湊湊熱鬧。
著名的《清明上河圖》就描繪了
北宋汴京市集的繁榮面貌。
5公尺多長的畫卷裡刻畫了
各色人物買買買的盛景。

然而，在封建氣息濃厚的古代，
大家閨秀們不能輕易出門，又該怎麼血拼呢？
傳聞宋高宗時，
觀察使馮安國的女兒經常派家丁
向胡商打聽貨源，
足不出戶就能購買到各種稀奇的玩意。

看看還有甚麼能買的。

胡商們不敢得罪這位大小姐，
承諾一下單，馬上發貨。
這速度絲毫不輸現在的網購。
為了買買買也是蠻拚的。

有了海外代購和超級快遞，
買了東西該怎麼付款呢？
當時沒有「QR CODE」，也沒有各種電子支付平臺，
只能靠貨幣交易。

秦漢時期實行的是單一貨幣，
例如：刀幣、五銖錢等。
唐代開始錢帛並用，
錢幣有「開元通寶」等，
而大宗交易則用「綾」、「綃」等絲織品（帛）

> 五陵年少爭纏頭，一曲紅綃不知數。
> ——白居易《琵琶行》

除了錢幣，宋朝還出現了紙幣——交子。
從此不用帶著沉沉的錢幣逛街，買買買更加方便。
而銀子作為古裝劇中常見的貨幣，
則是要等到明朝才開始流通使用。

銀子在明朝前僅當國家儲備，
明嘉靖八年（1592 年）才正式成為法定貨幣。
令狐沖用銀子買酒喝是有可能的，
而楊過動不動掏銀子則絕無可能。

在購物不算便利的古代，古人為了買買買已經這麼拚了，
如今我們更拚，好像也沒什麼不對。

乞巧節

乞巧節，就是現代人熟悉的七夕節，起源於漢代。傳說七夕節是為了紀念牛郎織女的愛情，如今漸漸發展成中國情人節一般的存在。但實際上，七夕節最開始並不是紀念牛郎織女的愛情，只是紀念織女的。織女在民間又叫「七姐」，被視為紡織女神。對於固定男耕女織分工的古代社會來說，女子都希望自己擅長紡織，擁有高超的手藝，所以她們會在七月初七這天去拜祭織女，順便希望通過自己的手藝吸引如意郎君，獲得美好姻緣。

《清明上河圖》

《清明上河圖》是宋朝名畫，也是中國十大傳世名畫之一，譽為「中華第一神品」。原畫長約 5 公尺，寬 24.8 公分，歷時 10 年畫成。《清明上河圖》畫面內容主要分為兩部分，一部分是農村生活，另一部分是城市市集景象。整幅畫卷描繪了北宋京城汴梁及汴河兩岸的繁華熱鬧的城市景象，還有四周優美的自然風景。

從《清明上河圖》精細、寫實的畫面，可以直觀看出北宋城市在經濟、文化上的繁榮，兩岸工商百業的情況。它是研究古代生活方方面面非常有用的史料。

隨堂考參考答案 ①C ②B

盲猜隨堂考

1 古人睡覺提倡哪一種姿勢？

A 仰臥
B 像彌勒佛一樣的吉祥睡
C 趴著睡
D 大字形睡姿

答案見本回「小知識」

睡個好覺，比什麼都好

睡眠，從古至今都備受重視。
人一生中三分之一的時間都用於睡覺。
古人崇尚「日出而作，日落而息」，
對睡眠還有著特殊的見解。
而在古文中，
「睡覺」的意思其實是睡醒了。

在沒有 Wi-Fi 的先秦時代，
就有一本關於睡覺的
指導檔案。
那就是《黃帝內經・素問篇》，
又名「年輕人不要老熬夜」。

裡面記載著各種睡眠的要點，
例如，春夏兩季要「夜臥早起」，
冬季則「早臥晚起」。

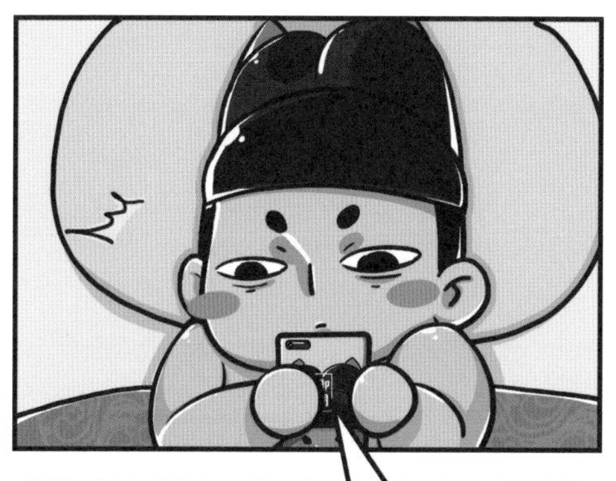

「熬夜晚睡相當於慢性自殺。」

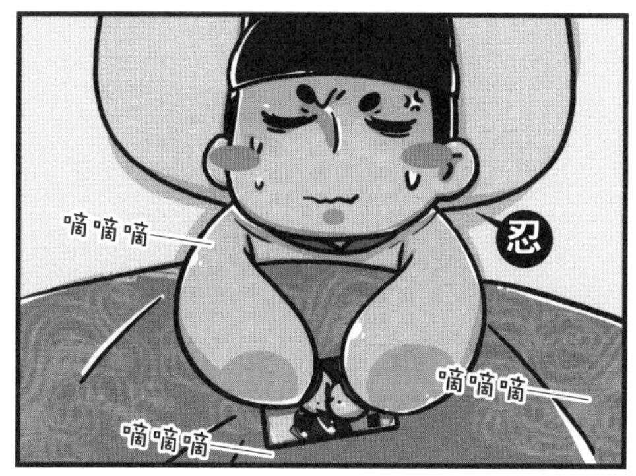

那……

早睡早起就是當場要命啊！

> 奄奄黄昏后，寂寂人定初。
> ——《孔雀東南飛》

沒有電視劇可看的古代人一般都是早睡的，
具體來說是一天中的
人定之時，
相當於現在的 21 點至 23 點。
不過在唐朝宵禁時期，
有些達官貴人也會在家通宵聚會。

不過通宵熬夜的還是占少數，
因為在古代睡覺可是一門養生學問——
食補不如藥補，
藥補不如覺補。

例如，
醒後賴被窩，醫生遠離我。
蘇東坡就把回籠覺睡出了境界。
他每天五更起床，穿戴整齊後，
還會再躺一會兒，稱作「假寐」。

> 數刻之味，其美無涯。通夕之味，殆非可比。
> ——蘇東坡

第一次見到有人把回籠覺說得如此清新脫俗。
回籠覺好棒棒，
感覺良心都不會痛了呢。

在宋朝，有人更是成了
「睡神」。
一個叫陳摶的思想家，
能睡一百多天不起床。
他不但能睡，還有「睡品」，
宋太宗請他當官，他都不為所動。

軒冕浮雲絕念慮，三峰只乞睡千年。
——陳摶《答使者辭不赴詔》

除了各式睡眠大法，
古人還創造了千奇百怪的睡姿。
人類適宜睡覺的三種姿勢被他們概括為：
「側龍臥虎仰癱屍」。

古人不喜歡仰臥，而提倡臥如弓，
也就是彌勒佛的吉祥睡。

> 左側臥，則屈左足。屈左臂，以手上承頭伸右足，以右手置右股間。右側臥，反是。
>
> ——陳摶《希夷安睡訣》

側臥

抬腿

枕手

美美噠

清代的養生家曹庭棟還創造出了
冥想大法——《操縱二法》。

①貫想頭頂，默數鼻息，返觀丹田。
②任其心，游思於杳渺，無朕之區。

看不懂了吧，簡單來說就是：

閉上眼睛。

別胡思亂想。

十萬六千四百八十一，十萬六千四百八十二……

睡眠的心得五花八門。
但不想睡怎麼辦呢？
關於熬夜，古人也早就做出結論——

一夕不臥，百日不復。
——醫書《十問》

明代的陳繼儒提出
熬夜傷肝，繼而傷眼的見解。
「睡是眼之食，七日不眠，眼則枯。」
即使是熬夜看書也不行，
「夜讀書不可過子時」，
否則會嚴重透支健康。

古代熬夜職業排行榜

睡覺是一天中最放鬆的時刻，
一場好的睡眠與健康息息相關：

所以啊，
年輕人還是少熬夜！

《黃帝內經》

《黃帝內經》是中國最早的醫學經典，傳說是黃帝所作，因此得名。但經史學家考證，其實成形於西漢時期，也並非一人所作，而是經由幾代醫學家傳承增補而成。

由於成書時間久遠，在一代一代的傳抄中，加上戰亂，原有的版本時有散佚。最早對《黃帝內經》進行系統整理的學者是晉朝的皇甫謐，而後歷代不乏學者收集、考據各種版本進行整理、編注。

《黃帝內經》積累了前人豐富的醫療經驗，形成了系統化的醫學理論，是中國傳統醫學四大經典之首，對後世中醫理論和實踐產生了深遠影響。東漢張仲景的《傷寒雜病論》、唐朝孫思邈的《千金要方》等醫學著作都明顯受到了《黃帝內經》的影響。

坦腹東床

據《世說新語》記載，東晉時期，太傅郗鑒有女兒待嫁，派門生帶著書信去丞相王導家裡為自己擇婿。王導讓他自己去東廂房在眾多子侄中挑選。他回去向郗鑒彙報說：「王家個個都是青年才俊，聽說有人上門擇婿，都盛裝打扮，表現拘謹，唯獨有一個敞開衣服，露著肚皮，躺在床（古代的坐具）上，像不知道這回事一樣。」郗鑒說這個人就是我想要的好女婿。而這個坦腹東床的人，就是後來的著名書法家王羲之。後來「東床快婿」成為女婿的一個美稱。

盲猜隨堂考

① 古人放假，常會做？（複選）

Ⓐ 外出郊遊
Ⓑ 看書學習
Ⓒ 體育運動
Ⓓ 賭博

② 古代學生有寒、暑假作業嗎？

Ⓐ 有，幾張卷子
Ⓑ 有，做不完
Ⓒ 沒有，因為根本沒有寒、暑假
Ⓓ 沒有，因為作業不分寒、暑假

答案見本回「小知識」

古人超級重口味

不到假期不洗澡

每次放假，
眼看假期餘額不足，
我總會吾日三省吾身。

我們總覺得假期很少，
但通常來說，
大多數一年的假日和休息日
加起來共有約莫 115 天。
更別說有寒、暑假的學生和老師了。

根據現行相關法律規定，中國法定節假日總天數為 11 天，
休息日為 104 天，總共 115 天。

在古代，假期並不多。
就算是全年假期最多的宋朝，
算上各種法定假和節令假也就共計 68 天。
如果再加一個月的省親假，
每年實際假期也就 98 天。

官吏休假，元旦、寒食、冬至各七日；上元、夏至、中元各三日；立春、清明各一日；每月例假三日；歲共六十八日。

——《文昌雜錄》

在古代，條件有限，既沒有什麼夜生活，
也沒有手機、電腦、電視等等，
更別說什麼電影院。
那麼古人放假都在做什麼呢？

外出郊遊

對於古代文人來說，
外出遊玩就是放假活動的不二之選，
既能欣賞美景又能寫詩裝作有文化，
一舉兩得，實在是妙啊。

由於古人的交通基本靠腿，
人們在節假日時多選短距離的郊遊。
就這樣，在農曆 3、4 月份，
去長安城南的曲江 5 星級景點郊遊，
成了唐朝最時尚、最流行的活動。

白居易、韓愈和張籍，
這三個好友也是曲江景區的常客。
每當春雨初霽時，
三人就一起來曲江談談人生。

有一次白居易沒來！
韓愈還特別傲嬌地寫詩問他：

曲江水滿花千樹，有底忙時不肯來。
——《同水部張員外籍曲江春遊寄白二十二舍人》

結果過了幾天，
白居易就屁顛屁顛地
主動邀請韓愈和張籍再次遊玩。

批閱處

洗澡

在古時候，走在街上，
路過你身邊的人可能是臭臭的。
因為人們並不是很愛洗澡。
皇帝被薰得受不了了，
所以漢代規定官員每 5 天放一次假，
讓他們回家洗乾淨點。

隨著宋代公共澡堂的出現，
人們又愛上了洗澡，
假日紛紛相約澡堂增進感情。
據說王安石因為不愛洗澡，
身上都長了蝨子。
為了幫他改掉這個毛病，
好友吳充總拉著他一起去澡堂。

敵人的敵人，那就是朋友。
敵人不喜歡的，那就一定要喜歡。
所以，蘇軾為了鄙視王安石，
經常把自己洗得乾乾淨淨，
而且還洗出了一番做人、為官的道理。
蘇軾以洗澡為內容作《如夢令〉二首，其中一首寫道：

> 自淨方能淨彼，我自汗流呀氣。
> 寄語澡浴人，且共肉身遊戲。
> 但洗，但洗，俯為人間一切。

體育活動

生命在於運動，
待在家又沒有手機玩，
所以古人節假日喜歡參與體育活動，
漸漸形成了寒食節盪鞦韆、
重陽節登高等習俗。

然鵝

最受歡迎的還是蹴鞠，
也就是最早的足球。
從漢代開始，
人們就喜歡踢球和看球。
漢武帝還是一個超級球迷。

到了唐代，
不僅男生愛蹋球，
女生也常常參與。
清明節時，宮內還會舉行足球比賽。

寒食內人長白打，庫中先散與金錢。
——王建《宮詞一百首》

既然有人蹋，
那肯定也會有人看。
看足球和馬球比賽，
也成了人們假日的消遣。

批閱處

閱讀充電

對現在的學生來說，
假期最頭痛的事就是寫作業。
但老師不這麼覺得——
「這幾張考卷你們拿回去做，很輕鬆吧。」

古代可沒有暑假作業，
因為他們壓根就沒有暑假。
古代的讀書人不是在考取功名的路上，
就是在準備去考取功名的路上。
為了早日當上人生贏家，
古代的讀書人常常利用休息時間給自己充電。

明代江南四大才子之一的文徵明，
曾在某年的大年三十，
利用放假休息的時間，
埋頭整理出自己一年裡寫出的作品。

> 人家除夕正忙時，我自挑燈揀舊詩。
> 莫笑書生太迂腐，一年功事是文詞。
> ——文徵明《除夕》

西漢一代文學大家匡衡幼時家境貧苦。
白天他需要幹活養家，
只能利用晚上的休息時間，
偷隔壁的燭光看書。
這就是「鑿壁偷光」的故事。

批閱處

看完古人度過假期的方式，
你會發現其實古人放假也挺無聊的。
畢竟當時條件有限，
他們的娛樂活動不豐富，
不是在附近走走走，
就是枯燥地埋頭苦讀。

小知識

鑿壁偷光

傳説西漢文學家匡衡小時候特別喜歡讀書，但家裡窮，沒有錢買燭。有一天，小匡衡發現隔壁家晚上點著蠟燭，他就在牆壁上鑿了個洞，燭光透過洞口，匡衡就借著那點微弱的光亮讀書。當地有個大戶人家，藏書很多，但其實主人根本不識字。匡衡就去他家做傭人而不取錢財報酬。主人問及原因，匡衡回答説只想讀書。主人很受感動，把書借給了匡衡。正是這樣，匡衡最終成了著名的文學家，鑿壁偷光的典故也被後世用來激勵人們擺脱現實困境，刻苦學習。

寒食節

寒食節與清明節的日期很近，通常是在清明節前一天或兩天。它也稱為禁火節、禁煙節、冷節、百五節。

寒食節的由來，一種説法是因為在古代人們要透過鑽木取得火種，但在不同的季節需要用不同的樹木取火，因此有換季節就換火的習俗，叫作「改火」。火在古代人的生活中發揮了非常重要的作用，因此改火期間要進行隆重的祭祀活動，供奉神靈。在這期間有一段禁火期，歷史上有 3 日、5 日、7 日不同的記載。在禁火期間，人們只能吃冷食，故名寒食。

另一種説法是，春秋時期晉文公繼位之前，在外流亡19 年，其中有個叫介子推的謀士常年跟隨，曾經把大腿上的肉割了給晉文公煮了吃，立過大功。晉文公歸國繼位後，介子推卻拒絕接受封賞，並帶著母親隱居到了綿山。晉文公為了逼介子推出來受賞，放火燒綿山。沒想到介子推抱著一棵柳樹被活活燒死。晉文公非常懊悔，為了紀念介子推，砍下那棵柳樹做成木屐穿在腳下，每走一步都叫一聲「足下」，足下這個詞也因此成了敬辭，並規定以後每年的這個期間都禁止生火。如此，大家就只能吃生冷的食物，寒食節因此而來。

小測試參考答案 ① ABC ② C

盲猜隨堂考

① 與蔡襄、黃庭堅、蘇軾齊名「宋四家」的是？

Ⓐ 歐陽修
Ⓑ 曾鞏
Ⓒ 米芾
Ⓓ 蘇洵

② 有「書聖」之稱的是？

Ⓐ 王羲之
Ⓑ 趙孟頫
Ⓒ 顏真卿
Ⓓ 柳公權

③ 蔡襄回信拒絕了朝廷的召喚，說自己——

Ⓐ 中暑了
Ⓑ 有腳氣
Ⓒ 感冒了
Ⓓ 害羞了

答案見本回「小知識」

古人怎麼交流？

為何不寫信給我？

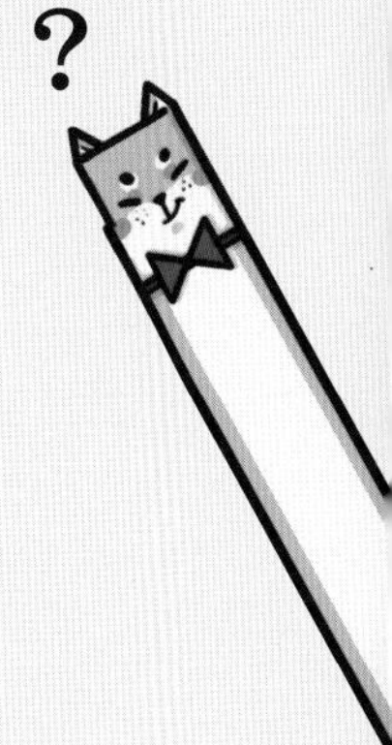

後宮很久沒人給我寫信了，
看著布滿蜘蛛絲的深夜情感諮詢信箱……

究竟是什麼原因讓你們不再寫信？

古代書法名家蔡襄跟王羲之，
原創了一萬個解釋的理由。

蔡襄是北宋書法家，
與黃庭堅、蘇軾、米芾並稱「宋四家」。
他曾經給好友寫過一封信，
解釋自己為什麼不給他寫信。

天這麼熱，完全來不及寫信啊，朋友請息怒。

暑熱，不及通謁，所苦想已平復。

日夕風日酷煩，無處可避，
人生韁鎖如此，可嘆可嘆！

精茶數片，不一一。

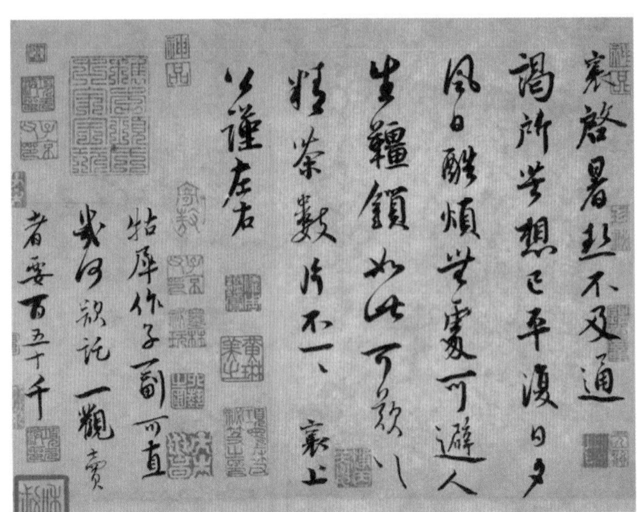

襄啟：暑熱，不及通謁，所苦想已平復。日夕風日酷煩，無處可避，人生韁鎖如此，可嘆可嘆！精茶數片，不一一。襄上，公謹左右。

——《暑熱帖》

王羲之是東晉著名的書法家，
有「書聖」之稱，琅琊（現山東臨沂）人。

下雪時，
作為一名北方人的王羲之，
卻彷彿被南方人附身。

快雪時晴。佳，想安善。

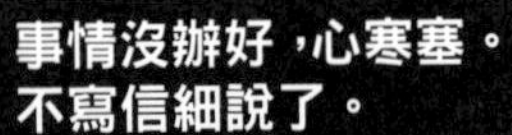

未果為結。力不次。

義之頓首：快雪時晴，佳。想安善。未果，為結。力不次，王義之頓首。山陰張侯。

——《快雪時晴帖》

「天熱」跟「心寒」作為不寫信的理由，
朕還算勉強接受。
但是這次，
蔡襄刷新了朕的三觀……

那年，
朝廷以高官召正處於中年危機的蔡襄進京，
書信寫了三封。
但是，
蔡襄深得主觀唯心主義精髓——
假裝沒看到！

後來他覺著得罪朝廷不好，
就回了一封——
《腳氣帖》。

信件發出後，
收件人卒。

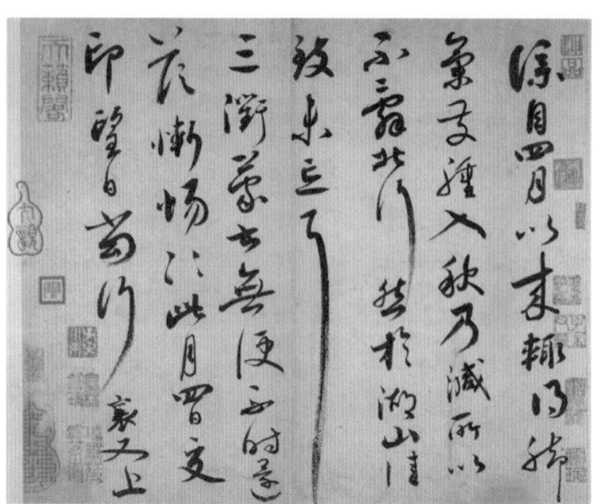

> 僕自四月以來，輒得腳氣發腫，入秋乃減，所以不辭北行，然於湖山佳致未忘耳。三衢蒙書，無便，不時還答，慚惕慚惕。此月四日交印，望日當行，襄又上。
>
> ——《腳氣帖》

各位「愛卿」們有沒有發現？
當對收件人無愛的時候，
天熱、不好意思、腳氣……
都能成為古代不寫信聯繫的理由。

所以，當某一天，
你的對象沒有回信（訊息、郵件）的時候，
我勸你別老往壞處想。

批閱處

那，如何才能寫出一封有愛的信呢？

我覺得可以學學曹植的《洛神賦》——
洛神乃伏羲氏之女，因迷戀洛河景色，降臨人間。
全賦辭采華美，描寫細膩，
內容是曹植想像在洛水邊，與女神相遇的故事。

餘情悅其淑美兮，心振盪而不怡。
無良媒以接歡兮，托微波而通辭。

翻譯成大白話就是：
小妞長得美如仙，我心蕩漾抖不停，
沒有媒婆去提親，發條簡訊提到你。
（喂，黃桑，別瞎翻譯好嗎！）

洛神賦 并序
黃初三年余朝京師還濟洛川古人
有言斯水之神名曰宓妃感宋玉
對楚王說神女之事遂作斯賦
其詞曰
余從京域言歸東藩背伊闕越
轘轅經通谷陵景山日既西傾車
殆馬煩爾乃稅駕乎蘅皋秣駟
乎芝田容與乎陽林流眄乎洛川
於是精移神駭忽焉思散俯則
未察仰以殊觀睹一麗人于巖
之畔爾乃援御者而告之曰爾有
覿於彼者乎彼何人斯若此之艷
也御者對曰臣聞河洛之神名曰宓

《洛神賦》局部，書法作者為元朝趙孟頫

當然了，沒有才高八斗的文采，
是寫不出一封走心的信的。

還是趁早洗洗睡吧！

《快雪時晴帖》

東晉書法家王羲之的墨寶，以行書寫成，共 4 行 28 個字，現藏於臺北故宮博物院。當時大雪過後，天氣轉晴，王羲之便寫下這封問候友人的書信。《快雪時晴帖》的書法，筆劃圓潤勁道、不露鋒芒、結構平穩，字與字之間空間均勻。通篇雖以行書為主，但也帶有楷書的嚴謹規整，「頓首」、「果為」等字還作了連筆草書，唐朝人稱頌他「兼撮眾法，備成一家，為萬世宗師」。

這幅作品深受清朝乾隆皇帝的喜愛，是「三希」之一。50 多年間，他親字提筆寫下高達 70 多則的跋語，直到寫下了一個大大的「神」字，他才終於不再題跋。彼時，乾隆已經是太上皇了。

《洛神賦》

三國時期的文學家曹植創作的充滿浪漫主義的辭賦作品。洛神是中國神話裡伏羲氏（宓羲）的女兒，因在洛水玩耍時不小心溺死而成為了洛水之神，即洛神。當時魏文帝曹丕剛繼位不久，就殺死了曹植的兩個密友，並將曹植貶放到了鄄城。這對才高八斗又胸懷大志的曹植來說無疑是莫大的打擊。《洛神賦》作於他入朝京師洛陽後，回鄄城途中經過洛水時。大部分人認為，曹植是假借自己和洛神相戀而不能相守的悵恨，抒發自己不被身為兄長的文帝理解和信任，政治抱負無法伸張的苦悶。

隨堂考參考答案 ①C ②A ③B

盲猜小測試

① 駱賓王寫來罵武則天的文章名稱叫作？

Ⓐ 《為徐敬業討武曌檄》
Ⓑ 《在獄詠蟬》
Ⓒ 《從軍行》
Ⓓ 《帝京篇》

② 李商隱在《義山雜纂》中寫「窮醋大」是指？

Ⓐ 喜歡沒事找事的讀書人
Ⓑ 喜歡吃酸得的窮人
Ⓒ 喜歡酸味的人
Ⓓ 擁有很多醋的人

答案見本回「小知識」

被罵的各有原因
開罵的各有絶技

有人問我，
如果說話經常得罪人，
這表示了什麼？

遇到這種問題，
請「愛卿」們好好深刻反省一下，
是不是表示——

那些人真小心眼。

記仇

超級記仇

血海深仇

拐彎抹角記仇

人生就是這個樣子，
於千萬人之中，
遇見你要怒的人；
於千萬年之中，
時間無涯的荒野裡，
沒有早一步，
也沒有遲一步。
遇上了也只能輕輕地說一句：

×××。

今日，
貼心如我，
從古代聖賢身上汲取了經驗，
要傳授「愛卿」們一本——

俗話說，
人不懟我，我不懟人。
人若懟我，斬草除根。

古今之善懟人者，
必經過四種境界。

境界一

狹路相逢，懟者勝。
這又叫單挑型。

我前面也說過，
有一次，唐太宗從朝堂上氣呼呼回來，
跟文獻皇后說：
「終須殺此田舍奴！」

太宗朝罷歸而含怒曰：「終須殺此田舍奴！」文獻皇后問曰：「大家嗔怨誰也？」帝曰：「只是魏徵老兵，對眾辱我。」

——《獨異志》

田舍奴，
按現在的說法就是鄉巴佬。
在對方的出身職業上汙衊踐踏，
是唐朝單挑時最常見的互罵方式。

類似的還有，
乞索兒（乞丐）、
市井兒（商人）、
賊禿（僧人）、
窮醋大（讀書人）。

李商隱在《義山雜纂》中寫，
有五個「必不來」。
其中有一條就叫作，
「窮醋大喚妓女」。

「窮醋大」是形容讀書人
成天沒事找事酸溜溜的，
像喝了一肚子的醋一樣。

境界二

會當凌絕頂，
一懟眾人倒。
這又叫以一擋百。

要練成這一境界，
祕訣就是，
有自信。

李白在自信上有著非同凡響的實力。
有一次，
他開啟了地圖砲模式，
寫了一首《嘲魯儒》。

魯叟談五經，白髮死章句，問以經濟策，茫如墜煙霧。
……
君非叔孫通，與我本殊倫，時事且未達，歸耕汶水濱。

其實說白了就是：
山東的考生們，
除了死讀書啥都不會，
回去種田吧。

但是！
一報還一報，
蒼天饒過誰。

李白死後，
被他罵過的人，
都來他的墳頭開趴。

杜甫看不下去了，
竟然得到李白的真傳，
群嘲道：
「爾曹身與名俱滅，
不廢江河萬古流。」
意思就是說，
「你們都會被『封號』的，
歷史只會記住我的好基友李白。」

境界三

苟利國家生死以，
豈因禍福不恕之。
這又叫捨生取義型。

這第三境界我們必須牢記
社會主義核心價值觀，
形成
無私犧牲、奉獻的高尚品格。

話說光宅元年（684 年），
武則天廢中宗李顯，而立四子李旦，
妄圖進一步稱帝，建立大周，
引起了很多大唐死忠粉絲的不爽。
其中一個「鵝見鵝愛」的詩人叫
駱賓王。

他專門寫了 500 字的命題作文來罵武則天，
那就是
《為徐敬業討武曌檄》。

我的直覺告訴我，
有很多看不懂字的文章，
通常都是經典好文章。

駱賓王並沒有如願得到
狠酸高手的名聲。
相傳這篇文章傳到武則天手上，
駱賓王不但沒有惹來殺身之禍，
還讓武則天讀得很開心。

洎乎晚節，穢亂春宮。潛隱先帝之私，陰圖後庭之嬖。入門見嫉，蛾眉不肯讓人；掩袖工讒，狐媚偏能惑主。

有如此才，而使之淪落不偶，宰相之過也！
——《新唐書》

終極境界

此中有真意，
欲辯已忘言。
這又叫遺世獨立型。

想修煉以上四重境界，
都需要有一定的智商和文采。
如果「愛卿」沒有，
不要著急，
我教你最後一招殺手鐧。

這個故事發生在唐朝的續集——
南唐。
有個叫馮延巳的大臣很會寫詩，
他最得意的作品開篇第一句就是，
「風乍起，吹皺一池春水。」

唐元宗李璟看了這首詩，
評價道：
「吹皺一池春水，干卿底事。」

翻譯成大白話就是，
關你什麼事。

有了這一招，
前面講的都可以忘記了。
因為，
全世界的事情通常分為兩種事。
一種是
關你什麼事；
另一種是
關我什麼事。

都別寫詩了，
快洗洗睡吧。

批閱處

我傳授了這麼多祕笈，
但希望「愛卿」都沒有用得上的那一天。

畢竟大家都是文明人，
能動腿（跑）時，
千萬不要動口。

初唐四傑

初唐四傑是唐代初期，文學家王勃、楊炯、盧照鄰、駱賓王四人的合稱。這四個人才華橫溢，且都年少成名，是初唐文壇新舊過渡時期的代表人物，代表了文學革新的方向。他們的作品擺脫了以前流行的宮體詩所養成的萎靡奢華風格，突破了題材上的小格局，拓寬了詩歌題材。由風花雪月、樓閣美景引向山川大地、邊塞荒漠的遼闊空間，主題不限於友情、愛情、離別懷鄉、邊塞景色、百姓市井生活，讓詩歌重新煥發生命力。

武則天稱帝

武則天是中國歷史上唯一獲得正史承認的女皇帝。她 14 歲時入宮成為唐太宗的才人。後來唐太宗的兒子李治繼位成為唐高宗，將她封為昭儀，日後更立為皇后，與唐高宗並稱「二聖」。由於唐高宗患有風眩病，無力聽政，武則天開始臨朝聽政，從此數十年間輔助處理國事。唐高宗逝世，武則天的其中兩個兒子先後繼位，她依然以皇太後身分聽政，把控著實權。終於在西元 690 年自立為武周皇帝，在位時間共 14 年。

儘管武則天在稱帝過程中手段殘忍，但不可否認在統治期間的貢獻——打擊了保守的門閥世族，為社會發展創造了良好條件；知人善用，任人唯賢，重用狄仁傑、張柬之等後世稱讚的名臣；促進了經濟發展，百姓生活富足；完善科舉制度，刺激了一般人讀書、參加科舉的熱情和積極性，推動了文化發展。

隨堂考參考答案 ①A ②A